大夏书系·西方教育前沿

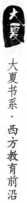

课程领导者与教育技术
Educational Technology for School Leaders

林妮·施伦普 等 著
任晓梅 译

华东师范大学出版社
全国百佳图书出版单位

The Best of Corwin: Educational Technology for School Leaders / Lynne Schrum / 2012

English language edition published by Corwin Press, A SAGE Publications Company of Thousand Oaks, London, New Delhi, Singapore and Washington D.C., © 2012 by Corwin Press.

Simplified Chinese translation copyright © 2015 by East China Normal University Press Ltd.

All Rights Reserved.

上海市版权局著作权合同登记　图字：09-2012-902 号

目 录

前 言（林妮·施伦普）……………………………………………………1

第一部分 我们的21世纪学校

第一章 合作学习
——新教育形势下的教学法（马克·普伦斯基）……………3

在本章，马克·普伦斯基探讨了为什么学生需要新的教学方式，由此提出其对合作学习的认识。在普伦斯基看来，合作学习其实就是师生各司其职，教师和学生各有自己承担的角色。在该学习方式中，师生通过合作实现学生学习的目的，每个参与者都在一种对立统一的关系中扮演着重要的、积极的角色。

第二章 停止一刀切式的中学教育（弗兰克·凯利等）………31

本章探讨了中学需要定制教育，个性化教育以及满足各种社群、人口和趋势的教育需要的途径。作者们指出了新形势下改变一刀切教育设计的紧迫性和必要性，同时给出了实现转变的建议。最重要的是，本章探讨了中学可以为自己的学生提供更多选择的方式。

第三章　领导策略
——鼓励和评估技术集成（林妮·施伦普，芭芭拉·莱文）………47

为促进学校发展提升，第三章介绍了两种理解和引导变革的模型——关注为本的采用模式和采纳革新理论，这两种模型都设想利用科技融合来提高学生成就和积极性。本章解释了怎样管理和维持这个变革和如何对通过专业学习共同体真正固定下来并制度化了的专业发展进行处理。

第四章　知识共同体内的新角色（艾伦·诺旺博）………64

第四章，艾伦·诺旺博探索了在利用科技完成教学目标的环境中，当一名教师意味着什么；何为反向导师制；怎样使用知识共同体内的各种资源；如何利用科技提升和扩展与共同体之间关系等。

第二部分　科技课堂

第五章　了解年轻人和数字媒体（杰西卡·帕克）………85

在21世纪，学习、读写能力和知识是什么样的？它们与上个世纪的常见定义有何不同？本章围绕上述问题深入研究了新媒体的本质、新媒体环境及那些在我们学生学者的教育体验中必须利用和发展的媒体特性。作者还提供了各种可以利用的方法。

第六章　低技术环境下的"低"社交（威廉·吉斯特）………98

威廉·吉斯特在本章提供了一些他改编的可以应用于低技术环境的活动，这些活动和学生的网上或网外社交相关。该章介绍了如何利用学生很可能熟悉的科技工具，如博客、维基百科的途径。各种文学种类被介绍和讨论,这使得学生能够思考我们可能定义"读写能力"的各种方式,促使人们讨论数字读写能力。

第七章 英语语言学习者(ELLs)为什么使用网络 2.0 工具(洛里·兰格·德·拉米雷斯)..................132

洛里·兰格·德·拉米雷斯探索了教育者怎样增强英语语言学习者的语言,尤其是那些往往需要花费更多时间才能获得的学术语言。本章提出网络 2.0 工具可以帮助 ELLs——为他们在自己的时间里有意义地探索这种语言提供更多机会,提供创建他们自己知识的可能性和让学生在真实活动中参与合作。

第八章 合作教学法中的教学评价(马克·普伦斯基)..................143

马克·普伦斯基重点评价了考试中的分类和对比评价,提出了一些相关评价,如自比性评价等。他鼓励自比性评价、同伴评价和反复检查工作。他不仅评价学生,也提供了评价学校、教师和家长等的建议。

第三部分 安全与规章问题

第九章 规章、程序和教工约制
——向教师、学生和家长传递期盼(艾梅·比森尼特)............159

第九章向读者介绍了使用规章(AUPs)和合同法的概念,艾梅以一种用户友好型和有帮助的方式提出了导读问题以便促使读者考虑那些想都没想过的问题,并确保不同的构成群体明白自己的角色和责任。本章还包含了一个使用规章的样本。

第十章　预防网络欺凌（萨米尔·辛杜佳，贾斯汀·帕钦）……………174

　　第十章重点阐述了在学生的早期学校生活（五至七年级）中解决网络欺凌问题的必要性。作者们提出了预防网络欺凌的程序，包括搜集一个学校或学区数据的策略、在教室里介绍这个话题的具体方法和使重要的参与者（学生、教师、家长、执法人员和社会）参与到相关的讨论、活动和全校范围的实施中来的要求。本章提供了如何识别网络欺凌的方案、提高整个学校环境的建议，并为所有利益相关者提出了处理网络欺凌的办法，还提供了互联网使用和家庭手机使用的合同样本。

第十一章　学生使用网络言语应该遵循的十大原则（吉尔·朱莲妮·迈尔斯等）……………………………………………………………209

　　第十一章提供了帮助学校领导处理网络欺凌的明确规则，解决了学校领导者出于保护学生的需要而对学生的法律权利进行干预的极大担忧。本章谈论了学校领导者和更广大的教育社群可能会面临的问题及相关处理方法。

作者简介………………………………………………………217

参考文献………………………………………………………219

前 言

林妮·施伦普

目前，学校领导者、教育者和教育社群都急于提高学生成绩、学生参与度及学生和更大的教育系统的综合成就。这个庞大的任务因许多其他因素而复杂化了，这些因素包括这样的现实：如今的学生已不是学校建立之初面对的教育对象，我们的社会已经变得更加复杂，资助资金一直在缩减、资源有限，衡量学校进步的标准也一直在下降。

过去几十年的研究表明，"校长是建设更好学校的关键……一个优秀的有支持力的校长可以使教工在最艰难的条件下成功"（Drago-Severson, 2004, P xvii）。达琳-哈曼德、梅耶森、拉普安特和奥尔都赞同"校长在开创成功学校中的重要作用影响深远（2010, P179）。学校领导者如何为自己面临的艰巨任务做好准备呢？尤其是如何开创并转到这样一种教育环境中呢？因为这样的教育环境折射出科技在社会和工作中发挥着越来越普遍的作用，还折射出帮助学生准备好面对 21 世纪现实的必要性。

我们知道学生们的生活现实：大部分学生联系紧密并会使用多种数字科技。网络 2.0（Web2.0）[①] 工具给学生提供了增加互动和解决数字鸿沟的更多潜在的机会。如今网络 2.0 工具几乎已经普及，并且人们常常主动参与其中（Alexander, 2008）。尽管科技还没有给教育带来全面的改革，但科技对教育已经有了积极的影响。即便如此，还存在许多亟待解答的更大问题。例如，教育成果的差距依然存在，许多年轻人依然辍学，因此也就没能发挥他们的潜能，学生们常常对学习和学习内容不感兴趣。

[①] 社交媒体提供了各种工具，教育者可以用这些工具让学生参与活动并提高他们的基本技巧（交流、合作、创新、媒体读写、科技水平、全球意识），这些工具被统称为"Web2.0"。后文有记述。

研究证明，科技领导力在促进教师应用科技方面很重要（Anderson & Dexter, 2005），学校行政人员更要参与到自己学校的科技项目中以模拟和支持科技的使用（Dawson & Rakes, 2003; Stuart, Mills, &Remus, 2009; Williams, 2008）。许多人都建议学校领导者应该有效、迅速地进行知识、技巧和实践上的转型（McLeod & Richardson, 2011; Schrum, Galizio, & Ledesma, 2011）。

为帮助所有学校领导者应对其所面临的挑战，科文出版社已经为教师和学校领导者出版了许多书，其中不乏开创性的著作。这些著作汇集了重要的学术研究、有创造性的新思想及具体的切实可行的措施，目的是帮助教育者提升执教质量。如今，科文又推出了"科文优秀系列丛书"来展示各种广受好评的书籍的重要章节，以便读者更好地了解有关重要教育问题和话题（如公平、科技、差异化教学等）的多种观点。我们希望这些选出的章节可以作为给教育者提供有关这些重要话题内容的"小百科全书"，并希望其中包含的思想、观点和策略不仅具有现时价值，也有长远价值。

本书综述

《课程领导者与教育技术》包括一些专门研究下列内容的重要章节：理解21世纪的学生和21世纪的挑战、科技和课程，有关一个学校领导者可能面临的各类问题的综述。其中有些主题会在书中各章反复出现：

- 我们必须重新定义今天的读写能力和知识。
- 给学生提供选择并向他们提出真实的问题，学生就会从中受益。
- 教师学习新的教学方式需要支持。
- 我们必须避免暗示或期望每个问题只有"一个正确答案"。
- 虽然我们面临的挑战很大，我们要应对这些挑战的必要性更大。

很明显，如果一个学校的领导者对21世纪技能的广度和深度不熟悉，对掌握21世纪技能的途径不熟悉，很可能，学生和教师就没有积极性，那么憧憬的改革也就不可能发生。虽然学校领导者是必不可少的，然而他或她仅仅是实施变革的领导体系中的一员，这一点也是事实（Gerard，Bowyer，&Linn，2010）。因此本书不仅仅是为学校领导者而著，也是为那些相关群体而著（包括教师领袖、专业学习社群、科技协调员、学校董事会及家长群体）。事实上，本书对所有那些密切参与帮助学生迎接生活、为中学后教育和职业生涯做好准备的人们也很有帮助。

第一部分　我们的 21 世纪学校

本书中这一部分中的四个章节从宏观层面介绍了进入我们学校大门的学生们——学生的期望和对新的教育环境的需求。这一部分表明，在上个世纪我们已经把学校的本质概念化，我们必须转变这种概念以帮助我们的毕业生适应将要面对的未来。这几章还深入剖析了领导者需要通晓什么样的知识才能支持这种必需的变革，及领导者如何利用整个社区的资源来实施这些变革。

第二部分　科技课堂

这部分有四章，此部分的目标就是探讨利用数字化课堂可以做什么。这几章探讨学生怎样和数字媒体发生关联，并提出利用这种关联进行真正的、积极的学习活动的途径。作者们放眼教室之外并探讨与世界各地的个人和社群合作的途径，进而提出适用于所有学生的差异化教学思想。此外，因为并不是所有的学校都已经完全联网，并且常常出现资源不足的情况，因此在该部分我们用一章来介绍如何在低技术环境下利用数字资源。

第三部分　安全与政策问题

本书的最后一部分深入剖析了学校及学校领导者在转向更多地配置数字设备的课堂过程中所面临的一些现实问题。如果一个学校或学区正在考虑实施 BYOD（带自己的设备来校）政策，这些见解尤其值得了解。本部分的三章就如下问题提出建议：向学校社群表达期望，引导其开展有关预防和回应网络欺凌的讨论。了解这些话题将确保学校领导者在面对类似事情或突发事件时可以采取策划好的积极策略而不是被动无助。

我们希望这本书可以帮助您解决您对这些话题的一些困惑,我们还希望这里的部分章节能够激发您进一步探索这些话题的欲望。愿您读得开心!

第一部分

我们的21世纪学校

第一章
合作学习
——新教育形势下的教学法①

马克·普伦斯基

> **导读问题**
>
> 1. 今天的课堂中什么在起作用？有什么需要改变？
> 2. 我们能用不同以往的眼光来看待学生吗？我们和学生之间能否实现相互尊重？
> 3. 什么是合作学习？合作学习中教师和学生分别担当什么角色？

无论是有意识还是无意识，今天的教师们都在努力让学生们做好准备，迎接毕业后将要面对的世界（我们已知的世界）。不仅如此，教师们还努力让学生们迎接将伴随其工作生涯而来的未来世界。在这个世界，科技将比现在强大十万亿倍（这个世界是我们所难以想象的）。学生们每年都会面对信息的爆炸：工具会变得更小、更快、更好、更便宜，人们可以使用更多的工具（并且会因为这些工具的使用而改变自己的行为），学校和教师们会奋力适应这些变化。如果这些变化变成现实，学生的校外环境也成了一个新的世界，教师们该怎样帮助学生既能更好地迎接这样的未来，或者说明天的未来，同时又能继承过去的重要遗产呢？这个问题并不容易回答。

---

① 本章复印自：Marc Prensky. *Teaching Digital Natives: Partnering for Real Learning*. Thousand Oaks, CA: Corwin. www.Corwin.com。

② 由于本书各章是原文照录各位作者专著的内容，行文中若有"本书""本章""前面各章"或"下章提示"等字眼均指原专著及其章节，而不是指本书的章节编排，特此说明。——译者注

不过专家的共识是很明确的。[1] 教育作家们，从杜威到现今的网络 2.0 工具的倡导者们（如伊恩·朱克斯，艾伦·诺凡堡，威尔·理查德森，大卫·沃里克），到案例学习法、问题导向学习法、探究式学习法的倡导人，都认为有必要建立师生间某种新的合作，让教师少讲，学生多做。这种形式下我们教育成功的途径就是：不仅要关注不断变化的科技，还要用新的眼光来看待"学习"这一概念，意识到作为成年人的教师和作为年轻人的学生在学习中都发挥着与以往不同的新作用。

年轻人（学生）要专心应用新学习工具，查找信息，理解信息并进一步创新。成年人（教师）应该致力于提问、训练、引导，提供上下文语境，确保严格的、有意义的、高质量的结果。

这种以创造并确保"学生学习"为目的的 21 世纪新式的共同学习方式，我称之为"合作学习"，而学会开展合作学习就是本书的目标。

深入剖析

如今繁重的（并且在不同程度上已经过时的）教育工作是这样分工的：教师讲、说、解释，学生听、记笔记、读课文并背诵，这就是通常所说的"直接教学法"。不幸的是，这种直接教学法的效果已经变得越来越差。如今学生们抱怨最多的就是他们的老师一直不停地说、说、说。更糟糕的是，学生对此做出的反应就是：置之不理。

因此，这种教学方式——讲、展示、解说，或直接告诉——已经几乎要被教师们放弃。这种教学方式下的教师仅仅是学生学习的"工具"，而在 21 世纪，那些通过直接教学法进行教学的老师已经成为效率越来越低的"工具"。

然而，如今的大部分教师过去接受的训练就是说教。他们中的大多数过去通过别人的说教而学习（并且学得很好）。许多教师喜欢讲解并认为自己擅长讲解。也许，他们确实擅长讲解。但是，这种方法已经不再管用，因为学生们已不再听讲。我经常把这比作美国的联邦快递：你可以拥有世界上最好的运输系统,但是如果没人在家里接收包裹,运得再快再好也毫无意义。常常,如今的学生不在那里等着接收老师给他们投递的知识。他们的注意力在其他地方,经常是沉浸在21世纪的电子世界、忙于社交、忙于探索。这本书的目标就是帮助教师把学生们找回来。

是什么在起作用?

许多学生认可并赞许那些有创造力的精力充沛的教师——尤其是那些尊重他们并且在乎他们想法的教师。但当我问学生们"学校生活中什么最吸引你?"时,我得到的答案通常是:"上、下学的旅途。"也许旅途一直是人皆喜爱的,不过我想这个回答反映出如今的学生想和周围的真实世界紧密联系在一起的急切心情。为什么呢?因为我经常得到的另一种回答是:"通过电子通讯联系其他地方的同龄人"(例如通过ePals这样的安全电子邮件服务)。

在教室里,最吸引学生们的就是小组活动(一种情况例外:当偷懒的学生们不参与小组活动就想浑水摸鱼地通过考核),讨论、分享他们的想法,听取同学的想法(还有听取教师的想法,前提是老师和学生是平等的)。

虽然学生们通常说他们喜欢应用科技,学生们最看重的还是老师能够尊重他们、把他们看成独立个体而不是什么都不懂只会等待学习的孩子。学生经常抱怨的一句话就是:"我们并不傻。"

用另一种眼光看待学生

一些教师抱怨,与以往的学生相比,现在的学生能力差。但是在21世纪的今天,有一种更好、更积极地看待学生的方式。在此我们使用一个19世纪的比喻:我们常常这样对待孩子,就仿佛他们仍是过去在铁轨上行驶的火车。而实际上,如今的孩子更像是火箭,这是一个更现代的比喻。与此同时,这也使得教育者们(又一个比喻)成为火箭科学家!(这一点又有谁知道呢?)

为什么我们应该把如今的孩子看成火箭?首先,这是因为他们的速度快。他们动手能力比以往任何一代都强。虽然在情感上孩子成熟的速度并没有多大改变，但事实上在如今的孩子们这么小的年纪，他们的所学所懂已发生巨大变化，因此，许多人认为他们在智力成长速度上也快了许多。[2] 许多孩子两三岁就会上网了。最近我发现在本科教学中我使用过的美国宇航局月球模拟实验在四年级的学生中使用，效果也很好。虽然如今的父母和教育者都努力让孩子进行老式的学习，他们给孩子提供的燃料（即课程和学习材料）却远远不能满足现在孩子的需求。"与年龄相适应"已经远远超过原来的定义。著名心理学家皮亚杰的学生都声称是时候重新看待孩子们了。[3] 即使有些人想让孩子们慢下来，"就做孩子"，和以前一样，对 21 世纪的年轻人来说，他们的成长速度在加快却是一个不争的事实。

但是，稍等……还有

使得如今的孩子成为火箭的不仅仅是他们不断加快的速度。他们的目的地是那些遥远的就连"发射"他们的人都不知道的地方。他们在 21 世纪长大——受互联网和风靡的复杂游戏的影响——目标是探索并自己找到规律。像火箭一样，他们不能任何时刻都受控制，而是发射之初就得瞄得越准越好，中途再作些必要的调整。但是不论是孩子还是火箭，他们在飞行中都同样不易修复，因此他们都要被"造"得越独立越好。

和所有火箭一样，孩子们的"混合燃料"是不稳定的。有些孩子会比别人飞得更快更远，有些则失去了导航控制或者失去了追踪目标的能力，有些突然脱离轨道或者出了故障，有些甚至会爆炸。但是随着我们把他们"造"得越来越好，他们会越来越多地成功抵达目的地。"火箭科学家"的工作就是帮助他们成功到达目的地。

巨大潜力

也许最重要的是，如今的火箭——孩子们——有潜力飞得更远并且完成有史以来最多的任务。随着数字工具的广泛分布、唾手可得，孩子们每天已经开始完成许多事情，这些事情在我们成年人看来就像是遥远的科幻一样。他们随时和全世界的同龄人交流：打联网游戏、互相学习。ePals——这种孩子们的安全电子交流平台可以到达每一个国家、每一片土地。孩子们经常自己制作视频并发布到网上供全世界人观看和品评。他们在全球有社交性地、有政治性地组织自己。

作为火箭科学家的教育者

那么，这则比喻对于现在的教育者们来说又意味着什么呢？它告诉我们要以新的眼光看待教育者的工作——把教育者不仅看作教师，还要看作火箭的设计者，他们制造并发射着我们能够制造的最好火箭。这并不包括给学生们加旧的教育燃料，因为这种燃料不能将现在的孩子们"发射"出去。我们需要新型燃料、新型设计、新型助推器和新型有效载荷。火箭科学家们深知他们的火箭极有可能遇到许多不可预知的事情和挑战，因此他们努力把睿智融入火箭，以便火箭即使仅仅从外界得到最少的帮助也能成功完成任务。他们让火箭尽量多地具有自我监控、自我评估、自我修正的能力。他们让火箭能够使用得到的任何设备仪表来搜集信息、分析信息，即使是在火箭飞驰的时候也能如此。教育者严把质量关，这不仅指把守火箭大脑存储的知识质量（这些在飞行中是可以随时更新的），更是指严守对遇到的信息如何处理的能力之关。并且，虽然他们可以为某个既定目标预编程序，他们也知道目标可能会中途改变，甚至在火箭一生的飞行中还会有其他改变。

一个实用的视角

以这种眼光看待学生们和我们自己可以鼓励教育者们将学生的学业成绩标线拔得高高的——远远高于我们时下的普通标线。我经常听到一些教育者说他们对学生们完成的高质量作业感到大吃一惊。我们不应该感到大吃一惊，我们应该期待着会见到更多这样的作业。

当然了，火箭的维修费用很高，并且需要设计者花费更多的心血和技巧来建造和维护。火箭在地上是没有用武之地的，这也不是我们让火箭停留的地方

（许多"地面技能"已经由机器接管，因此它们也已经不再需要这些地面技能）。

探索还是毁灭？

根据发射前安装的有效载荷，学生（如真的火箭一样）可能成为探索和改变的强大动力，也可能成为毁灭的潜在武器。教育者和家长以及学生同伴应一起安装这些有效载荷，然后再发射升空，让他们飞向未来，同时心中期望我们已经帮他们准备好面对遇到的一切了。为了使有效载荷有效，我们给他们安装了最重要的道德行为——辨别正确行为的能力以及如何做这些正确的事。我们需要优化学生大脑的配置以使他们不断学习，创造，编程，吸收，调整并积极地面对不管是以何种方式相遇的任何人、任何事，这些都更意味着我们要运用科技手段。

概念上而不是技术上的转变

正是带着对 21 世纪学生的积极看法，我们开始转向合作学习。我们想让年轻人像火箭一样，"大胆地去无人去过的地方"[4]，而合作学习为此预设了最美好的前景。也许最令人惊奇的是，教育者因此要作出的最重要改变不是技术上的而是思想上的——少一点把自己看成过去的守卫者，多一点把自己看作合作者，来指引他们那些活的、会呼吸的火箭（学生）飞向未来。没人宣扬完全抛弃过去，但是，除非我们开始着手准备，让我们的学生比以往飞得更远并能够最终实现安全着陆，否则我们并不会对他们有任何帮助。如果我们不尽快把我们掌握的新型燃料和有效载荷安装进火箭，他们永远都不会离开地面。

如何进行合作学习？

对于合作学习的理解见仁见智。毕竟，教师讲学生记也是一种合作，但这并不是我在此所说的合作。请让我在此详细阐明本书中合作学习的确切含义：师生各司其职——学生专注于他们自己能做的最好的那部分学习过程，教师专注于他们自己能做的最好的那部分学习过程。

学生专注于他们自己能做的最好的那部分学习过程表示学生主要负责下列事情：

- 找到并坚持自己的爱好；
- 使用任何可用的科技；
- 调查、发现信息；
- 回答问题并分享他们的想法和观点；
- 当被合理调动积极性时，要参加训练（如：通过游戏）；
- 用文字和多媒体进行展示。

教师专注于他们自己能做的最好的那部分学习过程表示教师主要负责下列事情：

- 想出并提出正确的问题；
- 给学生指引；
- 把学习材料放到语境中去；
- 一对一解说；
- 创建严格标准；
- 确保质量。

合作学习与直接教学完全相反。事实上，在合作学习这种教学法中，教师的目标就是自己不说（至少不是对着全班说教）。不讲授甚至不解释，教师只需通过各种有趣的方式提出问题让学生回答，在有些情况下，还需推荐学生使用哪些工具，指导学生从哪里开始和继续。在合作学习中，下面的任务全在学生身上（单独或分组）：查找、假设、找到答案、整理成要展示的作业，这些作业会由教师和全班针对其正确性、语境、精准性和质量进行审查。要教授的课程就这样被学习，因为学生们回答的问题就是他们应该在课程中学到的。就如我们将要看到的一样，合作学习有不同的类型，分别适用于不同的学生、不同的情况和不同的背景。

> **合作学习小提示**
>
> 怎样才能消除说教或直接教学呢？又或者说能用什么来代替说教呢？这是一个好话题，你可以拿出一些时间和全班学生共同探讨。问问他们是否认为你说得太多，或没必要说太多；再问问他们你怎样才能减少说教的时间。学生们的回答很有可能会让你非常吃惊。

事实上，在教学法上，即从直接教学到合作学习，这样大的转变很显然无论是教师还是学生都不能在一夜之间实现。事实上，这是一个渐变的过程，需要多年努力才能实现，正如成千上万位教师将会证实的那样。对于21世纪的学生来说，要想得到他们想要并且是应该得到的教育，实施合作学习是必需的。有关合作学习的一个好消息就是：不同水平的、教授各个科目的许多教师每天都快乐而有效地与他们的学生进行合作学习，你可以把这些教师作为榜样。

合作学习的基础：一个简单的例子

我所知道的最好的合作学习的例子是一位教师在我的学生座谈会上讲的。他问了参加座谈的学生这样一个问题："假设某种东西的成因有三种，作为学生的你们要把这些学会。你们喜欢下列哪一种学习方式：第一种，我会说'这种东西有三种成因。我现在就开始讲授并直接告诉你们三种成因具体是什么——请做笔记。'第二种，我会说：'这种东西的成因主要有三种，给你们15分钟的时间来自己找出它们都是什么，之后我们针对大家找出的结果进行讨论。'"

不出所料，每当学生被问及这个问题时，他们几乎总是一致选择第二种。如今的大多数学生，不论他们的年纪多大，在哪个年级，他们都更喜欢活跃起来，自己发现知识，而不是由教师讲授给他们。

确有需要被直接讲授的东西吗？

然而，每当我说"不用直接讲授"，总有人出来反驳我说"有些东西需要被直接讲授"。因此，现在就请你花上一分钟的时间来想一想，在你所教的科目里，哪些东西没有教师站在全班面前讲授、直接灌输或解说就不能教？现在问问你自己这个问题："反之，我能不能把这个话题或信息重新组织一下，让它成为一串问题的答案，我可以在考试中向学生提问，看看他们是否已经理解了那个话题或者材料？"

简而言之，合作学习就是向学生提出这样的问题后让他们自己去研究、探索、找到答案，之后和全班一起讨论、回顾。我相信，合作学习可以适用于任何科目的任何材料。但是合作学习需要的正是一种新的视角。

合作学习是新提法吗？

在这一点上，你也许会自言自语，"合作学习并不是新事物。它就是我们过去所说的'把你的答案放在这里'。"如果是这样，你就是完全正确的。在很大程度上，合作学习可以归入传统的几大教学法，如：

- 以学生为中心教学法；
- 基于问题的教学法；
- 基于项目的教学法；
- 基于案例的教学法；
- 探究式教学法；
- 主动学习教学法；
- 建构主义或共建教学法；
- 做中学教学法。

杜威在20世纪初就非常推崇这种教学法。[5]自苏格拉底以来，这种教学法可能一直被人们以这种或那种方式所使用着。[本书之前的读者曾指出这种教学法的发展脉络：从瑞士教育学家裴斯泰洛齐到弗朗西斯·帕克（Frances Parker）到杜威到布鲁纳。]当然，这种教学法还有其他的名字，美国麻省理工学院称之为技术强化主动学习（TEAL）。最近一名教师写信给我，将之称为引导式过程导向探究式教学法（POGIL）。"基于挑战的教学法"是从Apple而来的变体，最近美国新媒体联盟的一个报告对后者就有阐述。[6] "探索式教学法"正在纽约市的实验学校试用。所有这些名称如今还不断地被修改和翻新。

但是虽然上述教学法都有自己的支持者、原则和特征，它们在本质上都是极为相似。你可以这样说，在某种意义上，它们仅仅是同一种教学法的不同品牌。它们有相同的思路：学生通过回答问题、解决问题进行自学，不管是单独还是以组为单位；而教师只是起到帮助、训练、指导的作用。

我本人更喜欢"合作学习教学法"这个词，因为这个词强调了虽然各组、教师和学生的角色不一样，但他们都是平等的。合作学习教学法强调每一位参与者都要调动自己的优势以促进整体的学习过程。我还喜欢合作学习教学法中的有关科技作用的相关论述，即科技的应用是学生的事而不是教师的事；教师的事就是对学生应用科技的质量进行评估。也许上述的最后一种说法反映出，在某些教学法建立时数字科技还没出现。我觉得合作学习教学法放之四海皆准。

再说一遍，重要的不是你为合作教学法选择什么样的名字或品牌，这取决于你自己、你的学生、你使用的场合，如你执教的学校或州。真正重要的是你要朝着合作学习的方向努力。表1.1显示出了合作学习教学法中教师和学生之间的各种分工。

表1.1 合作学习教学法中如何分工？	
教　师	学　生
不直接告诉，而是提问！	不做笔记，自己找出答案！
就话题和工具提出建议。	调查并得出结果。

向学生学习各种科技。	向教师学习如何确保质量和精确。
在质量和精确度上对学生的研究结果进行评估；提供语境。	修改、提高研究结果，加入精确度、语境和质量。

合作教学与课程设计

教师们经常关心的一个问题就是——他们被规定的课程捆住了手脚，这多少与合作教学有些冲突。当然，至少在公立学校，每一科目和年级都有一套要教的标准（这些标准越来越基于技能）。但是，请记住那些标准只是规定应该教什么，而没有规定怎样去教。

合作教学可以并且确实能够满足如今规定的课程设置。但是教师要换个思维来看待这些课程，即不把它们看成"这些课本就是要教的内容"，而应看成"这些课本是引导性问题，学生要做的就是找到这些问题的答案"。有趣的是，如果从合作教学的角度看，即主要是从学生兴趣的角度来看这些课本（它们大多数反映出传统的直接教学模式）时，这些课本内容都已过时。这些课本把答案（或者说内容）安排在前面，而把问题放在后面。合作教学正好反其道而行之，把问题放在最前面，结果是学生的积极性被大大地调动起来。一开始就问学生"为什么？"（例如我们为什么有季节？为什么异极相吸？为什么英语中有这么多不规则的过去时态？我们为什么会遗忘？为什么会作出错误的决定？在过去欧洲人为什么会来到美洲？）会让学生们更乐于思考，这比直接就季节、极性、不规则动词、心理学或发现与移民进行说教要好很多倍。

但是，学生们要学会的东西（这些当然在标准化考试中会考到）却和原来的一样。采用合作学习教学法的教师发现学生积极回答问题，这又使学生更加专心学习（我还从来没有听到采用此种教学法的教师们提及他们的学生不专心）。这种不断提高的专注力反过来会促使学生把学习材料记得更牢固，当然也会使学生考试分数提高，正如采用合作学习教学法的一位小学教师发现的那样：自己学生的叙事文写作提高了一个档次。[8] 许多教师都描述了类似的现象。

合作学习中的科技：使能者和个性化工具

那么，科技在合作学习中又起着什么样的作用呢？在此，科技扮演的角色就是为合作教学提供支持并使得学生能够开展个性化学习。师生们都明白当个性化地对待每位学生时，学生的努力成效最大。我们课堂里一直缺少的就是如何个性化地对待每一位学生，或者至少是一组学生，并且这种对待的方法还要切实可行和有效。然而，如今，班级规模大、课外资源少、参考书目过旧、图书馆藏有限，再加上教师时间有限，所有这些因素综合在一起，使得个性化差别教学即使可能实行的话也难以展开。

数字科技缓慢而又不均衡的到来带来一个最大的益处就是：最终数字科技会促使教师和学生进行个性化的合作学习，即在教师的指导和训练下，学生能够独立学习。数字科技不仅能让学生按照自己的节奏学习（就像我们经常听到的那样），还会或多或少地让学生以任何他们所喜欢的方式学习，前提是他们追求的目标是必要的和规定的。

但是简单地把科技加上去并不会产生这样的效果。事实上，在某些个案中，笔记本电脑确实被用到了学习中，可后来又被去掉了，原因就是笔记本电脑没有起到好的作用。[9] 但那些失败的案例既不是科技造成的，也不是学生造成的，而是教学方法不当造成的。要想在教室里成功地使用科技，它必须和一种新的教学法——合作学习教学法——结合。合作学习和科技搭配得很好是因为合作学习允许应用科技，尤其允许学生最大限度地应用科技。

在合作教学中，教师不用打断上课以插入一段科技"训练"，学生们从课一开始就专心自己探索（并且互相分享）学习材料以及内含的工作原理、在多媒体中找到实例、创建并分享他们自己的例子、与全球各地的同龄人和作者进行交流。

建立角色与互相尊重

但是，任何合作学习要想成功，关键要建立起教师和学生间的相互尊重。对某些读者来说，这听起来是很显然的，就像已经存在的事物那样是理所当然的，但事实却并不总是如此。我与教师和学生的座谈告诉我，在我们的学校里和教学中，师生间的互相尊重还远远不够。尊重是相互的——学生尊重教师，反之亦然。尊重当然是任何教与学中的重要部分，但通过合作学习进行教与学，尊重尤为重要。

在合作学习中，尊重必须是相互的；一方的合作伙伴必须真正地尊重另一方。我确信所有的教师希望并期盼学生尊重他们，并且所有教师在问及是否尊重自己的学生时，他们都会说是。但是实际情况并不总是如此。灰心失望的教师可能会想或说这样的事情，如"我的学生注意力不集中"或者"我的学生注意力涣散"——类似这样的说法是不完全正确的。这些事情在学校这样的环境中也许会是正确的，但大多数学生是能够很好地把注意力集中在他们感兴趣的话题和活动上的。

我听过很多教师抱怨（通常是学生不在场的情况下）他们的学生对课堂漠不关心、不感兴趣、缺乏动力，甚至是缺乏能力。当学生听到教师这样说（当然校外说的其他抱怨也同样不正确），学生会觉得没有得到尊重——学生也理应有这种感受，并且学生们会作出反应，他们会反过来不尊重教师，通常的做法就是指出教师在科技上的无知。

这种相互的不信任几乎完全阻挡了有效学习与合作学习。要想学习能够发生，无论是在何种情境中，"不尊重"都必须被根除，不管是在学生一方还是在教师一方。要想得到成功的合作学习，教师和学生同样要认识并接受如下内容：我们已经进入了新的学习时代，在这个时代里教师和学生对学习过程的贡献同样重要，学习的任何一方必须尊重并向另一方学习。

有些教师采取了如下的办法，如在教室里悬挂这样的标语"我们都是学者，都是教师",有些学校甚至把这条标语作为办公室的名言警句。这句话会慢慢印在乐意学习和急切学习的教师心里并逐渐被吸收,这样教师在合适的时候就会给学生一个机会来教教师(例如有关科技的东西)。

学生在合作学习中的角色

在前文中,我把学生比作火箭,需要教师正确地填充燃料,为其编上自导程序,将其发射到远方。这种比喻比旧的教学法中对学生形象的比喻(空空的车辆等待装满知识,或者等着被书写的空白石板)更加尊重学生。让学生在学习过程中成为更加积极和平等的参与者是尊重的标志,这也正是学生们到处寻找的尊重。不过学生在合作学习中的角色具体又有哪些呢?

学生是研究者

学生的一个重要角色就是"研究者"。当我们采取合作学习教学法的时候,我们不再直接告诉学生他们应该知道的内容,相反,我们要求他们自己去寻找(之后分享给同学和教师,并得到评价),这样就会让学生获得新的不同的角色。这样做的一个好处就是,"研究者"这一称谓作为一个专业名词,是很少被用在学生身上的,它本身就带有一定的尊重成分。出于这个原因,一些学校开始着手正式把学生改名为"研究者"。以德克萨斯州的一个学生为例,这个学生曾经逃学,她后来这样说"我做的几乎就是这些——在网上查查资料。"她很高兴这样在校学习。

现在我们花一分钟的时间来假设你自己在这样一所学校上学,这就像是在杂志社或图书馆工作一样,你期望同伴或同事能够干得专业。很显然,如果你从某人那里得到的比你期望的少,你会给那个人反馈,但是最好是通过有助于那个人下次提高的方式进行反馈。这种氛围更平等、更有社团气息,这也正是合作学习教学法的目标。

学生是科技的应用者和专家

在合作学习中,学生的第二个重要角色就是科技的应用者和专家。学生们通常喜欢这一角色，并且会尽可能多地使用手头的科技。我曾经观察过，在同一间教室里，不同组的学生同时各自使用视频、音频播放器、游戏、博客及其他社交网络工具来回答教师提出的同一个指导性问题。这样的指导性问题（我在第五章会细说）可能是"你想让教师在课堂如何使用科技手段？"或者"人们怎样说服别人？"或者"进化的证据是什么？"等。

显然，没有一位学生知道全部的科技手段。有些知道很多，有些知道很少（顺便提一句，这并不能减少他们身上数字科技专家的成分，这与其说是知识的区别，不如说是态度的区别）。当然，许多教师也是科技的行家。但是教师和学生不管哪一方知道的多还是少，在合作学习中，教师一定要把使用科技这一角色留给学生。即使某些（甚至大多数）学生不懂某种科技，教师都不应越俎代庖。相反，教师仅需建议学生们可以使用哪些科技（并集思广益，征询学生的建议），然后让他们学着自己使用并互相学习使用这些科技（可能会在一开始模仿那些科技应用得好的人）。不管是使用交互式白板、电脑、播放器、博客，还是使用其他科技都应如此。

从合作学习的角度来讲，即使教师懂科技并喜爱科技，他们也不该替学生使用科技，相反，他们应该帮助并监督学生使用科技创造学生自己要用的东西（有时还制作教师要用的东西）。事实上，许多采用合作学习的教师已经指派班上科技娴熟的学生为科技助理，让他们创造出需要的东西，并且，一旦教师或其他学生遇到设备问题或缺乏某方面的科技知识，这些科技助理马上就能处理。

学生是思考者和理解者

在合作学习教学法中学生扮演着另外两个重要角色，那就是思考者和理解者。大多数教师很可能说：如今学生应该承担这样的角色。但学生们往往不清楚他们是否扮演了这样的角色，或者他们根本不知道这两个角色应该承担什么样的责任。在合作学习时，我们需要明确思考者和理解者这两个角色。

当然了，我们的学生确实在思考。如果说他们没有或他们不会思考那就是不尊重他们。但他们思考的方式和思考的内容却常常不是教师想要的。在各种教学中，尤其是在合作学习教学中，下面一点很重要——教师应经常提醒学生更有逻辑性更加批判地思考。这也是为什么同龄人之间一对一交流（不管是口头的还是书面的）对于合作教学来说非常重要，这种交流能让学生认识到并且评价出他们自己和同龄人逻辑思考和批判思考的差距水平。有些教师声称自己的学生写博客给大家看时，学生在写作和思考能力上都有很大提高，因为他们知道自己的作品会被别人看到。[10] 曾获"纽约市年度优秀教师"奖的泰德·内伦（Ted Nellen）为了强调这个思考者的角色，把自己的学生称为"学者"。

学生是世界的改变者

学生的第五大角色和真实的而不是泛泛的学习有关。切实的学习会让学生马上应用所学去做一些事情或者改变世界上的一些事情。下面一点很重要：要让学生意识到利用自己所学对世界产生积极的影响（不管影响是大的还是小的）是学生们的重要职责之一。例如，美国佐治亚州亚特兰大市郊区的一些中学生曾经录制了一个视频，展示了转基因食品改变了他们父母的购物习惯。这所学校的另一群学生利用他们所学募集资金帮助治疗非洲的疟疾。[11] 许多学校也使用学生所学来帮助当地的百姓。

学生是自学者

学生的第六个角色——就是自学者，这个角色也许是合作学习中一个最与众不同角色。学生可以教会自己，这听上去也许会有些奇怪。不过，想想你自己是怎样学习新事物的——比如，当你家里有人突然得了某种疾病时，你怎样了解这种疾病？尽管你可以选择去上某个学习班让别人告诉你，但极有可能你自己会选择自学。你会查阅书籍，搜索网络，向朋友和同事求助信息和指导，有可能的话还会咨询专家。同理，在学习上，学生们学会应用这些技巧，并且在学习时独立完成而不是靠教师或其他人，这很重要。学生学会这样独立学习的最好途径就是他们反复自学，不断得到反馈，直到他们真正擅长自学为止。

因此，自学这一角色是学生所有角色中最重要的一个。如果一名学生得知自己奶奶或姥姥得了癌症，他会应用自己所学技巧，亲自到网上搜索可以去的最好医院，甚至还有治疗癌症成功率最高的医生。

但是我们也要明白下面一点很重要：虽然学生可以自学，但这并不意味着教师的角色就可以弱化，甚至是可有可无。相反，在合作学习中，教师的职责像原来一样重要，但是教师的角色却发生了巨大变化。我们会在下面部分细说教师的各种角色。这也许出乎大家意料，事实证明教师的新角色对于学生来说远比原来的"说教"角色更重要、更实用。

学生的其他角色

合作学习中学生的其他角色有时还包括：记者、作家、科学家、工程师和政治家。学生们还是许多动词的"实施者"，这点后文会谈及。第三章中我会讲更多学生角色的实际应用。

教师在合作学习中的角色

合作学习中有些教师的角色为所有教师所熟悉和接受；有些则是新的，需要教师加以学习和练习。

教师是教练和向导

在合作学习中，教师这一角色的作用是给全班制定每天目标和长期目标，之后教师放开手（有一定限度地）让每一位学生自由地以自己的方式来实现这些目标，只有在得到请求或明显需要帮助时，教师才能伸出援手。向导的角色预示着教师要带上学生一起旅行，教练的角色则预示着每位学生都有私人助理。对教练和向导的角色，教师并不陌生，只不过，教师要比以往花更多的时间来做好这两个角色。这两种角色使得教师能够为学生提供更加个性化或更加差异化的教育。

总体来说，今天的学生更乐意自己独立完成学习任务而不喜欢被微观管理。

但是并不是所有的学生都能同样轻松地找到自己的学习之路。独立学习时，有些人会觉得比别人更困难。第一次合作学习时尤其如此，此时的合作学习不管是对教师还是对学生而言都是新的。教练的部分职责就是监控学生的学习和进步，必要时给予帮助——不是通过老式的说教，而是针对如何做，给出符合实际的建议（但绝不会替学生做），这样来轻轻把学生推回正轨。例如，教练可能会向遇到麻烦的学生推荐使用网络、YouTube 视频、在线动画片，甚至一款游戏——当然，如果游戏可用的话。

有些教育者，尤其是那些在比较难教的市中心学校任职的教育者会这样说："我敢肯定这种方法在郊区很管用，但我们这里的学生需要更多的知识结构。"毫无疑问，他们确实需要。但教师们也确实需要为所有的孩子提供一种新的学习方式，正如许多教师已经展示的一样（大多是在特许学校）：所有的孩子都能学会合作学习，并且在学习中承担起学生一方的责任。引导学生进入合作学习也许是一个漫长复杂的过程，这取决于学生的起点。正如在合作学习中的其他事情一样，学生逐个做，而不是全班一起做。

教师是目标的制定者和提问者

在合作学习中，教师从说教、备课、讲课中解脱出来，但他们还有其他重要的任务要做。第一任务就是为学生的学习制定目标。这些目标几乎总是以向学生提问的形式出现。问题通常是开放性的，既有宏观上的问题也有微观上的问题。大的问题后面通常跟随着考试中有可能或一定会考的小问题。如今，不少教师都在一个学期或一个单元开始时把引导性问题分发给学生或张贴出来。这样学生的考试成绩就会很好，但前提是他们能够回答所有上述问题。

在合作学习教学法中，提问者这一角色很重要。尽管美国教育考试服务中心及其他机构的标准化考试要提出各种专业问题，尽管有教师培训，但提问的艺术在学校里已经很大程度上遭废弃。进行合作学习的学生要认识的重要一点就是：有四个选项的多项选择题并不能反映世界上的真实问题。苏格拉底式提问（即提出质疑性问题以便让人们反思并重新考虑自己的观点）是合作学习的教师需要重新学习并实践的一种重要方法。

基于问题的教学法是合作学习的一种变体，它的主要内容就是设计丰富的问题，这些问题又可以作为下面延展活动的基础。有些地区和州（如西弗吉尼亚州）已经率先搜集了这些问题，并且把这些问题根据各种标准归类。尽管许多预先设计的问题在网络和书本中随处可见，但是真正把任何内容转变成好的引导性问题却是每一位合作学习的教师长时间内需要不断熟练练习的。在第五章我会详细介绍这种技巧。

教师是学习的设计者

合作学习中教师的另一个重要角色就是作为全新的使学习得以产生各种体验的设计者。没人喜欢不断重复的课程，不管是教师还是学生，他们都渴望课程有多样化及经常性的积极变化。根据学生的理解程度，教师作为设计者会为学生精心设计引导他们进一步理解的问题和活动。

对于设计，大多数教师都很熟悉，因为它和备课类似。不过，在合作学习中，设计会以各种形式出现。例如，教师不用设计讲解和活页练习题。并不是所有的学生都按照教师设计的同一条路线走，合作学习的学生会在教师的教导和指引下通过各种个性化的途径达到学习目的。这使得合作学习中教师的学习设计者这一角色更加复杂和重要。在设计时，教师需要考虑和准备学生理解所学知识的各种途径，尤其要考虑学生个体的喜好。因此，正在教授葛底斯堡演说的教师可能会从学生的角度分析这篇演说，例如精确性（和微博相比）、政治性（和近代的演说相比）、艺术性（和奥斯卡获奖感言相比）、音乐性（和难忘的歌词相比）、视觉图像（它会让人想起什么样的画面？）、口头解释和朗读等。甚至还有这样一个网址（http://norvig.com/Gettysburg/）来说明如果这个演说当时做成 PPT 会是什么样子。

放弃全权控制而选择部分控制的教学活动

关于合作学习，教师要知道并且明白的一件重要事情就是：合作学习总会有学生的各种活动和行动的参与。在普通的旁观者看来，合作学习的课堂并没有传统意义上的控制和纪律。确实，合作学习的课堂不论是看起来还是感受起来都与传统课堂不同。例如，人们不会在那里看到学生一排排整齐地坐着听教师讲课或做各种活页练习题。相反，人们会看到桌椅摆放得千奇百怪，学生们或结组，或成群，或独自地利用手头的各种科技学习。

虽然在合作学习教室里，学生的活动可动可静，他们说话的声音可大可小，我们必须强调合作学习不等于混乱——这是绝对不允许的——而是一种有控制的活动，每一位学生在教室里的活动都以学习为目的。在合作学习的课堂，学生可能分布在教室的各个角落，有的在课桌前、有的在电脑前、有的以小组为单位在学习或

> **查查看！**
> 例如，有一个很好（并且有趣）的学生在大厅里做的活动，请参见下面网址上的学生自制视频，其主题是不要拍摄其他同学并发布到YouTube上：
> www.youtube.com/watch?v=KJEnVz MXKIE

讨论、有的在图书区看书、有的在拍视频（要允许学生这样做，学校的管理人员就要接受合作学习这一概念，并且如今接受合作学习的管理人员越来越多。我听说一些中小学校长非常欢迎学生们在大厅甚至在室外拍摄视频——只要学生的活动和他们的学习明显相关就行）。

对于不熟悉合作学习的教师来说，习惯更高层次的课堂活动需要一段时间，因为他们一直被这样的概念所教导着：控制学生是关键；没有秩序就表明学生没有学习。但如果处理得好，这种高层次的活动就是好的，因为它可以让学生把充沛的精力投入到积极学习中去。虽然教师和学校管理人员刚开始学着接受这样的活动有些困难，但我建议大家要有信心和耐心，因为看到学习的结果后你就会觉得这值得一做。

一位高中教师曾经举例告诉我她是如何让自己班的女生们在课外使用她的房间设计班级活动中高级项目的，而当时她就在自己的办公桌前工作。

女孩们很兴奋，她们大声喊着、说着、跑进跑出。但到结束时间时，她们

已经设计出了很棒的高级项目。不过，当我回头想想这件事的时候，我意识到，如果这事发生在教室里，我肯定不会容忍那么大的噪音，即使我确信结果会很棒我也不会容忍。

这种观点引导这名教师开始改变她所认为的在教室里可以容忍的活动层次。

不管是几年级的孩子，他们如今都不愿意——在很多情况下也不能够——安静整齐地坐着。他们要更加自由，并且当他们能够更自由地用比以往更"疯狂"的方式交流时，他们往往做得最好。越来越多的教师和家长意识到容忍这些学生会从中获益。教师灵活地看待控制（当然同时要确保学生们一直在学习、在正轨，班级不会变成一片混乱）会收到较好的效果。

最能够使教室里这种灵活的活动发生，并且是没有混乱地发生的正是互相尊重，即教师尊重学生自由学习的需求，学生尊重教师的需求以进行真正的学习。每一个选择合作学习的班级并不自然而然都会取得这种理想的状态和平衡，这需要学习并不断实践这种教学技巧。但是，请记住一个生机勃勃甚至是热闹的但又可控的班级是可以实现的。

合作学习小提示

如果控制得不那么紧的课堂对于你来说有些难以接受，你可以首先尝试一个单一的合作学习活动。首先和学生共同商量，为对方定好规则和参数，之后对结果进行评价。在此基础上，随着你和学生对这种学习过程越来越熟悉，你可以尝试其他活动。作为一个群体，你可以这样决定，例如，在教室里学生应用科技手段或小组活动时互相交谈不需要得到你的允许，但是和学习无关的谈话或打扰其他人的学习都是不对的，如果哪个学生这样做了，就会失去小组特权和使用科技的特权。

教师是上下文语境的提供者

合作学习中教师的另外一个重要角色就是上下文语境的提供者。学生在扮演调查者的角色时很擅长查找内容，他们却很少能够把找到的内容放到合适的上下文语境中。我比较喜欢的一个有关提供上下文语境的例子就是下面这位学生在测验中的回答：

我让学生们计算一道数学题，直角三角形的两个直角边分别为 3 cm 和 4 cm 长，问题为"找出第三边 x"？有位学生就在第三条线上标记了"x"，并在旁边注释道"x 就在这里"。

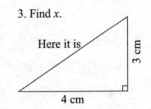

虽然我们很多人对这个回答一笑置之，但认识到下面一点很重要：在调查研究的上下文中，这种回答是完全正确的。它是错误的（并且可笑）是因为我们知道这里的上下文是数学。每一个学科都有上下文，只有在这种上下文当中各种事实和思想才会具有真正的意义。不管是帮助学生理解在调查的语境中维基百科的作用，还是帮学生理解在自由演讲的语境中煽动仇恨的存在，提供上下文都是合作学习中教师的一个重要职责。正如合作学习中的其他方面一样，这个角色也最好通过提问（如苏格拉底式提问）而不是解说或直接告诉来体现。学生在某些语境中可以被问哪些事物是正确的或者是可接受的，但在其他的语境中就不能这样问。例如，在一节英语课堂的导入部分讨论写作和演讲的种类及它们在相应语境中的正确使用就很不错。

教师是严格的坚守者和质量的保证者

合作学习中教师的另外两个重要角色就是严格的坚守者和质量的保证者，这二者紧密联系却又不完全一样，它们的共同点都是为学生的学习提供高标准及要求。通常，我们为学生制定的标准太低了，他们有能力做的远远高于（并且自己希望）我们让或要求他们做的，我对此深信不疑。

我第一次真正理解"严格"的含义是在大学一年级的文学课上。在我上公立高中时，我没有写过多少文学论文。因此，上大学第一次写这样的论文时，我很茫然，最终上交了好不容易写出来的一页纸。第二周老师发回作业时，我始终低着头，害怕自己得了"F"（不及格）。老师走到我桌前，我至今仍然记得他这样对我说："普林斯基，我不会给你的作业打分。你出去自己学学怎么写文学论文再交作业，之后我再打分。"不管怎样，我确实照样做了，我也明白了作业要想被老师看成是可以接受的，那就得比可接受的底线稍好。

"严格"就是这样的底线。在合作学习中，当你给学生一个任务，如果他完成的任务低于可接受的水平，你并不是给他的作业打上不及格的"F"——因为你干脆就不接受低于底线的作业。

质量就是另外一回事了，质量把可以接受的和真正好的区分开来。当然了，我们辅导学生时会在作业上打上相应的分数：A、B、C、D（或0～100分），但对于合作学习的学生来说，这样的分数划分并不好。字母或数字这样的分数仅仅存在于学校中，而生活中是不存在的。老板或主管很少会给你打字母或数字形式的分数，但是会有最低标准要求，而对高质量的工作总会给予嘉奖。因此学生要明白高质量的工作到底是什么样的。因此，合作学习中教师进行质量评估时，不仅仅是给学生打分，还要向学生解释为什么他们做的质量高或不高，可以帮助他们（或要求他们）重做，直到足够好。

当然了，这样做——而不是仅仅是打分——会很耗时费力，尤其是在人数较多的大班。这也是为什么合作学习教学法要想成功展开就要融入大量的同龄人间的相互教、学和评估，有关这点我们会在下文讲述。

当评估学生以媒体形式完成的作业时会产生一个重要问题，因为教师不熟悉媒体。你怎样判断高质量的机造影片（Machinima）、游戏或数据集成应用（Mashup）呢？有时有些教师会自豪地向我展示学生的作业，而这些作业水平，或大部分孩子作业水平连D分的档次都达不到。这种情况下学生需要依靠自己的学习伙伴来教或指导。依靠学生的媒体知识和教师的经验，不管出现什么媒体，教师都能给出很好的质量评估。

合作学习中同龄人的角色

对如今的许多学生而言，如果让他们选择，他们都乐意向同龄人而不是教师学习，成百上千的孩子都这样和我说过。一些人对此感到失望：如今的学生相信同龄人的观点（甚至是能力），而不相信教师的。但这不一定是坏事，尤其是如果在教师的指导下去做的话。虽然教师的背景理论有可能比朋友的深，但朋友们之间有共同的参考资料，同样喜欢的电视、电影、歌曲等。用学生的话说，他们有共同语言。

如果使用得当，对教师（并且也对学生）有利；如果引导得很好的话，同龄人之间的相互教、学对合作教学中的教师将会是一个很大的帮助。这种工具比现在使用的其他任何工具都更使教师受益。学生不仅喜欢向同龄人学习，当教师给他们机会教其他学生时，许多学生也非常喜欢。有一种策略很管用：教师直接教会班里的几个孩子，并让这些孩子负责教会其他孩子，他们可以用自己喜欢的任何方式去教。给学生这样的机会是另一种表示尊敬的方式。由于上述原因，同龄人间的学习是合作学习的重要组成部分。

有关同龄人互相学习的极好的范例就是委内瑞拉的被称作"El Systema"的非凡音乐教学活动。在此活动中，通过同龄人间的教学把来自委内瑞拉各地的贫困孩子——通常是流浪儿——训练成当地的、地区的，甚至是全国的管弦乐队中很棒的古典音乐家。

委内瑞拉这种教学活动中使用的重要原则之一就是一旦某个孩子学会了什么，他们必须教会另外一个学生。这和外科医生的模式一样："看一个，做一个，教一个。"

把同龄人间的相互学习应用到合作学习教学法中去有很多方法，参与合作学习的教师也不断摸索出新的方法。例如，同龄人间的学习是极好的（可能是最好的）在学生中传播知识和科技的途径，它还可以平衡教室中的差异。考虑到同龄人间相

> **查查看!**
> 查查看吧，你可以在 www.ted.com 网站上通过观看相关视频学习更多的有关 El Systema 的信息，看它是如何进行以及取得惊人成果的。

互学习的巨大作用，在做某些合作学习任务时，例如理解或评价某一篇课文或找出某一问题的解决方案时，让两三个学生一起坐在同一台电脑前不会比一个学生单独坐在电脑前要差。

校长是领导者、协调者和合作者

校长（和学校管理层）参与到合作学习中，承担领导者、协调者与合作者的角色很重要。如果没有领导层的大力支持，合作学习的生存和发展不是不可能，但会非常困难。

许多教师都告诉过我，他们也想甚至也曾尝试着使用本书中描述的部分或全部合作学习教学法，但最终都因为没有学校领导层的支持而放弃。我也同样经常听到校长们说当他们试着让教师们尝试新的教学法时，会有各种挫折和麻烦。

很显然，要想获得最大成功，教师和领导层必须共同合作努力。从长远来看，教师们若想和学生们一起成功进行合作学习，必须得到领导层的支持。当一位学校领导者有意观察或偶然走进一个合作学习课堂时，他看到教师在指导而不是说教，学生们正在自学或相互学习时，各种各样的活动有条不紊地进行，学生们正在热情地以平等交换的方式做着展示、批判。这些场面让校领导明白所有这些活动都是为了学习，并且这种学习和传统直接说教的教学方式所取得的学习效果一样好或更好。

校长们和其校领导者们如果真正理解并接受这种新的教学方法，同时乐意支持正在转变中的教师、引导他们使用合作学习教学法，所有的事情都会变得容易。但校长和其他领导者能够并且应该做的不仅仅是支持和鼓励。校长、领导要做的就是评价教师在从说教到合作学习的路上处在哪个位置（参见图9.1），给那些进展比较慢的教师提供帮助或什么帮助也不给。帮助的形式可有下列几种：让进展快的教师和进展慢的教师结组、让进展慢的教师和先进的学生结组、给教师职业发展的机会。但重要的一点是，领导者应该确保提供的各种职业发展或培训不要（至少在开始时不要）专注于各种科技的应用，而应专注于让教师从思想和行动上转变到合作学习思维和教学上来。只有这样做的时候，科技培训才有可能有成果。

家长是合作者

有一群人对合作学习教学法的成功来说很重要，他们就是家长。除非他们被正确地动员并参与到合作学习中来，否则他们会在某种程度上阻碍合作学习。尤其是许多父母都期盼（或者至少我们称之为期盼）自己的孩子接受像他们小时候经历的那种教育，即说教式满堂灌。除非他们完整地理解合作学习的过程，否则他们听到自己孩子所做的或当他们来到教室时见到自己孩子正在做的时，就会抱怨。

在大多数情况下，这种不信任会随时间的流逝而消失。孩子们回到家会对在学校的学习表现得兴奋或在谈话中肯定自己的学习成果。"当我们（现在）坐到饭桌前时"，一对父母这样说："孩子们会和我们连续说上二十分钟他们在学校里做过的事和见到的东西。天天如此！"当孩子的学习成绩和注意力都相应提高时也会有助于打消家长的疑虑。

大多父母凭直觉认识到 21 世纪与以往不同，他们周围的一切都在变化。父母真正需要确定的是自己的孩子正在为他们未来生活和工作做着充分的准备。合作学习的教师需要帮助父母明白大学和老板们对学生的需求也在发生着改变。教师要让父母明白为了适应这种需求的改变，教学也在相应发生着变化，变得更加强调学生能用自己所学做些什么，并且注重给年轻人更多面向未来的能力和技巧，而不仅仅是听讲和记笔记。家长能理解这一点很重要，这不仅是为了合作教学，更是为了学生。

在父母和孩子的对话中，应该鼓励父母（就像教育者会鼓励父母那样）尊重孩子利用科技，即使当那些科技使父母困惑或警觉时（视频和电脑游戏就是如此）。像教师一样，领导者应该鼓励父母经常和孩子交流，问问他们正忙着什么（不管是否与学业相关），并且对孩子不论是在校内还是在校外的创作都给予表扬。

一个学校或地区把科技当作联系家长的手段时就对教学有很大帮助。无线网络覆盖学生的家，父母们有专用网站（还有父母的反馈）。如果合理地使用补贴经费，其费用几乎在每个区的财政承受范围内，较少的投入就可以做大事情。一个很好的例子就是处于经济水平中等偏下的南加利福尼亚种植柠檬的地区的学校（www.lemongroveschools1.net）。这里的无线网络完全利用政府补贴建立起来，覆盖着学校和学生家里。它们的使用率很高，以至于这个区把网络维护的费用转嫁到当地警察局和消防局身上，因为后者把这里的无线网络作为备用资源。

积极与你的学生合作

衷心希望你已经行动起来进行合作学习。如果还没有，那么作为一名教师，你怎样才能被调动起积极性去作出重大教学改变呢？并且，更重要的是，你怎样才能保持斗志昂扬，不断进行改变并在遇到问题时不回到老一套的教学法中去呢？我想最好的办法不是偷偷摸摸而是光明正大，把你的努力方向告诉你的学生、领导、同事。毕竟，你的目标是提高学生的学习经验、你自己的教学经验和学生的学习成绩。

这样做最有效最简单的办法就是争取那些走在你前头并且已经成功的人帮助你。这些人可以是你熟知的同事，你执教的地方至少会有几个这样的人。当然帮助也可以来自你不认识的人，你会在网上加入某个团体（如邮件列表Listserves，Blogs，Ning群体，见第七章）时或者在搜索视频网站YouTube和教育视频网站TeacherTube时遇到这些人。有不少教师，包括几位经验丰富的教师都发邮件给我说这些合作学习想法多么大程度地重新激发和鼓舞了他们，让他们找到了刚开始执教时的激动。

在你自己个人改变的过程中，争取你的上级、学生及学生家长的理解也很重要。当他们理解你的目标时，他们往往会非常支持你的工作。

鼓起勇气，但也要享受快乐

对大多数人来说，第一次做任何事情都会感到有些害怕。当你第一次作为一名学生或刚执教的教师站在全班学生面前时，你很可能有些害怕。当你感到这样害怕，需要勇气继续前行时，想想童话《绿野仙踪》里狮子的话就会振奋精神——你不需奖章，因为勇气与你同在。

但同时要记住改变并不全部等于害怕和痛苦。事实上，换个角度来思考自己的工作会让人非常振奋鼓舞。不要从教学材料或内容方面考虑，而是从内容所回答的问题角度去考虑，这对长期从教的人来说是一种解脱。

也不要认为用这种新方法教学一定会加大工作难度。我经常在研讨会上和学生、教师合作，从中我领悟到了很重要的一点，即有时候我能做的能提高所有人学习的事情就是什么都别做。我给出引导问题后，小组或个人就开始工作，我不断问是否有人需要我帮助，但繁忙的学习者们没人请求我帮助。所以，我边走边看，问问他们都正做些什么，通常他们都在可控范围内。在这样没人"需要"我的教学时刻，我学会了对自己微笑并这样想"我的工作多好啊"。

我希望，随着你逐渐转变教学方法，上述同样的想法也会时常出现在你的脑海。

后面我不会给大家展示提前设计好的课程或教学计划，而是会讨论合作学习教学法的总体原则，举出许多的实例并给出切实可行的建议。这就等于"授之以渔，享用一生"。

第二章
停止一刀切式的中学教育①

弗兰克·凯利
泰德·麦凯恩
伊恩·朱克思

> 鉴于世界变化的速度和我们如今学校的状态,每次我们在建设新的学校时,必须考虑这个问题——"中学应该是什么样子?"我们绝对不能再允许使用20世纪初期的工业化的一刀切模式,这种模式不能满足21世纪学生各种各样、不断发展变化的需求。
> - 每一所中学必须个性化地满足其所属社会的需求。在一个时期适用的不一定同样适用于另一时期;
> - 没有任何一种单一的教学方法可以满足所有学生的需求。学校需要根据学生个体量体裁衣;
> - 学校必须为学生提供多种选择——在哪里上学、学什么、怎样学、什么时候学;
> - 重大变革不容易产生并且更不容易持续;
> - 虽然变革存在挑战和潜在风险,但更大更可能的危险却是:继续经营这样的学校——使三分之一多的学生不能毕业并且还未帮助其他毕业生做好接受高等教育和学习的准备。

在接下来的几章里,我们探索有关中学设计的观点,这种设计未见于我们今天的常见学校。但笔者要提醒您,我们的重点不应放在展示的材料上。事实上,如果您不首先弄明白自己到底想要一个什么样的学校,您不会明白本节的

---

① 本章复印自:Franks. kelly, Ted McCain, and Ian Jukes. *Teaching the Digital Generation: No More Cookie-Cutter High Schools*. Thousand Oaks,CA: Corwin. www. Corwin. com.

观点。您认为什么样的教学会满足现在与未来学生及社会的需求呢？按照我们之前概述的程序，您会得出什么结论呢？

在过去，仅仅存在着唯一一种中等学校设计方案，它由工业时代面向生产线的大规模生产的思想发展而来。虽然向许多学生提供中学教育在过去是一个飞跃，但它不可能也从来没有满足过每一位学生的需求或实现每一位家长的愿望。

这种用一刀切的思想来设计中学教育已经持续一个世纪了，很明显，这种思想的理论基础在面对新的信息时代个性化需求时存在着严重的缺陷。

学生和家长对僵硬的学校教育越来越不满。如今的新生事物，如学券制、契约学校、虚拟学校、精英中学、家庭学校、在线学习以及许多正在成长的非传统教育选择表明在公共教育系统中我们并没有满足所有学生的需求。

在很大程度上，这种选择非传统教育的潮流是下面两方面原因共同作用的结果：一方面学校对学生的各种需求没有反应，另一方面人们已经习惯于学校体制之外不断增多的各种各样的选择。过去工业时代的学校设计理念就是所有的学校都是同样的设计、同样的配备、同样的管理，一句话就像是一个模子里刻出来的一样，但这种方法不足以应对学生的多样性。没有某一群学生的兴趣和生活目标是相同的，这样同一种学校设计可以满足所有学生需求的想法是可笑的。

在21世纪的信息时代，学校应该个性化地满足每一社会群体的特殊需求，其中他们可以自己选择。这种量体裁衣式的学校可以满足具体需求，这已成为现代世界的更大趋势的大规模定制的一部分。

2001年出版的《自由工作者国度》（*Free Agent Nation*）的作者丹尼尔·平克（Daniel Pink）谈到了在如今到处充满科技的生活中我们正在经历着令人震惊的个性化生活。商业界已经把选择权作为向顾客营销的手段，这种例子有很多。以下是其中部分例子：

- 食品加工领域采用先进科技意味着你如今可以走进一家快餐连锁店，个性化地点餐。

- 汽车厂家会让你网上个性化定制流水线上的汽车。
- 李维斯可以让你量体裁衣定制衣服。
- 弗兰克最近几年一直从兰兹角定制个性化 T 恤。
- 网络让你能够自己设计壁纸、名片、T 恤和厨房橱柜。
- 苹果播放器 iPod 允许客户使用个性化播放列表。你可以通过上网下载自己喜欢的歌曲建立个性化播放列表。
- CRAYON 网站可以让你利用个性化信息设计你自己的报纸,满足你特殊的需求和兴趣。
- 艾派迪(Expedia)网站(及其他几家网站)允许人们创建自己个性化旅游路线。
- 电视录制技术公司(TiVo)允许你定制自己的个性化电视。
- 厨房助手(Kitchenaide)允许顾客为家用电器定制各种颜色。

随着个性化产品的加快发展,在生产领域出现了一种新的趋势:实时生产。这意味着由于预先生产的产品没有顾客参与到生产过程,其库存量急剧下降。作者克里斯·安德森(Chris Anderson)在 2006 年出版的《长尾理论》(*The Long Tail*)中,就探讨了这些以及客户定制新时代中的许多其他例子。

同理,教育如果想赶上 21 世纪的步伐,就必须适应这种个性化商品和服务的潮流。我们不应要求学生适应现存的学校体制而应改变学校以适应学生的需求。我们如果希望创建反映现代社会并适应现代社会的学校,就必须思考这种现代化潮流对教育来说意味着什么。那么个性化学校又意味着什么呢?

学校必须提供更多选择

现代社会中的个性化商品和服务的潮流意味着学校必须为学生和家长提供更多选择,因为正如我们刚才所说,更多选择是 21 世纪生活的特征。科技让人们拥有前所未有的选择机会来挑选越来越多样化的商品和服务。生活当中的多样化选择潮流让人们在孩子教育上或自己接受的教育上也多样化起来。

学生和家长会更多要求学校提供更加个性化的、符合每一位学生志向的教育。每个学校和学区都应大力转变对学生、家长和社会的态度。与今天的学校相比，这种学校更加受客户（学生和家长）驱动。

商业界如今不断监控顾客动态以便和他们不断变化的需求保持同步。同理，学校和学区也要把孩子和家长当作顾客，不断监控他们对教育需求的喜好。菲尔·席勒（Phil Schlechty）在 1997 年出版的《创建卓越学校》（*Inventing Better Schools*）一书中就这样说过。

这种思想上的转变已经在公共教育系统外部出现。传统公共教育的替代品为什么发展如此迅速？为什么这些替代品吸引着如此多的学生？为什么许多人排着长队等待进入这样的学校？就是因为这些学校比传统学校更加受客户驱动。

弗兰克最近对休斯敦地区的一位知名精英中学校长的采访十分明确揭示出有必要转变学校的经营思想以使学校获得长足发展。这所学校学生成绩突出，学校招考比为 1∶5。弗兰克问校长他们学校成功的秘诀是什么。校长答道："大部分初中的孩子都是被迫去上学的，而他必须把孩子吸引到他的学校来，因为没有人强迫孩子来上学——他们必须自愿。"他还很清楚他的学校要想招来学生，就必须让自己的学校成为全国一流学校。

为达到这一点，学校必须不断反思提供给学生的服务，并对教育方法作相应调整以便确保满足学生的需求。这意味着大多数学校领导和学区工作者要转变思想。有一点很关键，即学校工作者一定要接受下面的现实——如今公立学校在提供基础教育（K-12，从幼儿园到 12 年级）上所处的垄断地位不一定能持续。

一旦学校变得更加受学生驱动，他们就会发现学生和家长主要想在以下三大方面进行选择。首先，他们想在教育的重点上进行选择。个别学生可能会想重点学习某一感兴趣的领域——可能会是医学、工程这样的科学领域，也可能是素描、油画或雕塑这样的视觉艺术领域，也可能是体育这样的运动领域或财会、市场营销这样的商业领域。学生要求上的课程也会和现在的学校课程不同。

第二，学生选择教学的方式。有些学生会选择自定进程、自我引导的教育方式，有些人会选择基于项目的、面向小组的教学法，有些学生会更喜欢把现实工作岗位上的人请来当导师，还有些人会选择利用网上资源和工具自学。

第三，学生选择教育时间。21世纪的生活正变得越来越复杂，不论每天还是每一学年，人们也越来越想把学校教育和个人安排结合在一起。

那么最重要的问题就是"我们怎样才能满足一个学校乃至一个地区内的学生需求？"要满足学生需求，我们就要抛弃一刀切式的学校设计。已经出现了许多有效的替代品来取代综合公立中学，这证明除了传统学校设计外，我们还有其他的选择。因此，有效的学校和学区必须向学生提供多种教育选择。

例如，不管一个学区的大小，如果应用创新科技，一所学校可以提供各种学习机会，包括虚拟学校、社区培训、延长日学时或学年、专科学校、学校内设立学校，或者将教育模型随意组合。所有这些模式都是为了满足学生个体或个别群体的需求和兴趣。在下面几章我们会总结已经开始使用的解决现代学生需求的几种中学组织方式。问题的关键不在于哪种方式最好，而是哪一种最适合某一社区。事实上，这个问题可以提炼为"这些模式中的哪几个特征可以和我们没有实验过的新思想结合并改造成可以满足某一特殊群体需求的混合体？"

关键在于我们要超越下面的思想：所有中学在外观和管理上都要一模一样、中学有统一的标准，而不符合标准的中学都是为有特殊需求的孩子准备的。这就意味着，学区要接受在一个学区内建立多种学校设计的想法，这也会增加学校指导学生的选择。

这一策略也会迫使学区接受学校在经营上采取更灵活的方法。一所学校在建设之后其管理方式不能保持30多年都不改变。即使尽最大努力衡量学生的教育需求和愿望并且建立各种模式来满足他们，也会有一些学校的设计方案比其他方案更有效。

此外，不断变化的人口统计数据、新科技的研发加上许多其他因素都会使一些学校设计方案在某一段时间内更有效或无效。和商业界为了满足顾客的需求和愿望而不断修改产品和服务一样，学区也应该密切注视学生教育需求和愿望,并按照需求相应改变学校运营方式。如果一种教育设计失败,那么学校就应该重新配置、重新组合,采用另一有效模式。

放弃一刀切教育设计模式远不止这些。在一个学区内如果有多所中学,不同中学应重点采用不同的教育模式。例如,在一个学区内,可以有虚拟学校、社区培训学校、延长日学时和学年的学校,一所学校还应当有医学院、商学院、艺术学院、体育学院或者是本书下文中提到的各种组合模式。这些模式都是为了满足不同学生个体和不用群体的兴趣和需要的。

学区有责任根据学生学习的喜好改变学校设计模式。一个客户驱动的学区会密切监视哪所学校的设计既有效又得到了学生和家长的喜爱,并会随时调整学校组织结构来满足学生及家长的需求。成功的商业就是这样运营的。如果有1000名学生同时申请进入仅能容纳500名学生的学校,而仅有250名学生申请进入另外一个可以容纳500名学生的学校,这就给学区传递了一个重要信息——客户驱动下的学区根据学生如何学而不是根据学生住在哪里来创建学校。

学校必须面对前所未有的变革

随着学校的策划者和设计者开始仔细考虑学区该怎样在日常的工作细节,如社区中学的计划、设计、建设、管理时贯彻上述思想,上文中有关增加择校余地部分可能已经使他们大吃一惊。

不幸的是,要考虑的还有更多。事实上,我们现在要讨论的内容比增加择校余地还要意义重大。我们现在必须考虑的是21世纪恰恰是变化的本质在改变。

在20世纪,尤其是20世纪中叶,那时的变化是可预知的。那时的变化呈现直线增长的趋势(图2.1)。例如,那时的科技能量的增长可以从过去或现在的变化中预测出来。这时变化是可以控制的,很容易推断出未来并看清事物的发展方向。这种变化持续了很多年。在当时这种环境下学校设计是简单的,因为变化的速度在很长一段时间内保持平稳,设计者已习惯简单地预测事物发展走向。

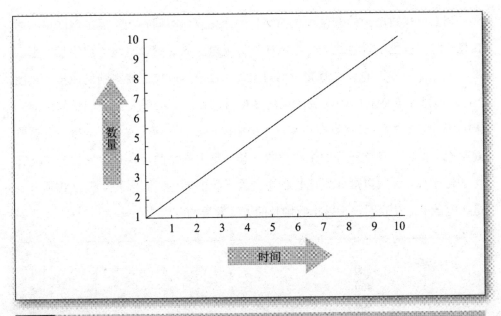

图 2.1　直线增长图

但是，在 20 世纪后半叶事情发生了剧烈变化，这使得学校设计变得更加困难。科技发展不断改变着世界的模样。各种变化带着巨大能量突然出现。最好的例子就是互联网的出现，它逐渐成为人们日常生活中必不可少的一部分。互联网在 20 世纪 90 年代早期问世，随后在全球最早一款可以显示图片的免费浏览器 Mosaic（在 1995 年重新发布为网景浏览器）发布后不久，互联网在 1995 年进入人们的视线。从那时至今的很短时间里，互联网已经成为商业、教育、个人使用的必备工具，这是人们在 1995 年时所无法想象的。世界仿佛一夜之间就大变样了。新的信息、市场营销、教育途径竞相展开，结果淘汰了许多旧的方法和程序。

产生如此大的全球影响的科技是怎样在短时间内爆发的呢？更大的困惑是有如此巨大影响的事物是怎样在无人预知的情况下爆发的呢？到底发生了什么事情？答案就是变化发生的方式有了巨大改变。在很短的时间内，我们从后工业时代的直线增长式、相对可预知的变化进入了信息时代的以指数增长的、极不可预知的变化。

那么以指数增长的变化和直线增长的变化有何不同？当发展呈现固定的增长趋势时，就是呈直线式变化。例如，如果电脑的能量以直线方式增长，那么每一天你都把增长的数值增加一个固定值（这个数值代表着电脑的能量，见图2.1）。但是如果你的电脑能量呈现的是指数增长，那么每天这种能量都比前一天翻倍，见图2.2。请注意在指数增长图中的曲线先是缓慢发展了一段，之后曲线急速上扬。一旦这样开始了指数式增长，每天剧增的数量是惊人的。这就解释了为什么互联网以爆炸式增长状态进入了我们的生活，因为不管在数量上还是在能量上，互联网都是以指数增长的方式发展的。

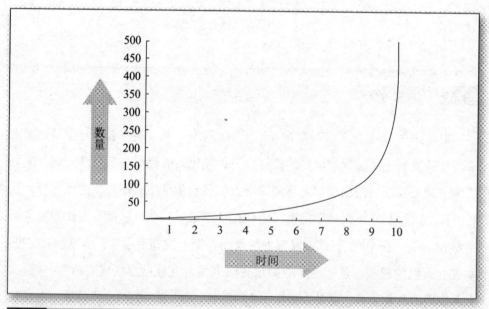

图2.2 指数增长图

雷·科兹威尔（Ray Kurzweil）在2005年出版的《奇点迫近》（*The Singularity Is Near*）的第21页中指出，当今世界科技发展中有75个指数增长趋势。单独来看，这些增长趋势发人深省。整体来看，它们就非常惊人地呈现出了未来生活的趋势。指数增长的本质意味着，在21世纪人们会经常见到某种势不可挡的力量突然出现。

此外，科兹威尔还进一步指出不仅变化会越来越指数化，在我们的生活中越来越多的领域将会越来越多地出现我们前所未见的这样巨大的变化。

那么这对于学校设计和策划意味着什么？它意味着做事情的老套路数会很快被废弃。随着世界经历越来越多的指数式巨变，那些坚持用20世纪行之有效方法的人会遇到越来越多的困难，会感到越来越多的压力。

工业时代的思想不可能在信息时代适用。我们若想在这个新的巨变时代成功设计有效的学校教育就必须采用新方法。我们需要的正是学校设计的全新思路。

我们不能再把学校看成是静止不动的设备，建成后稍作维修就能保持30年、40年甚至50年不变。21世纪的世界面临的是指数增长的变化，新的学校设计应该非常灵活地满足当今世界不断变化的需求。

有些商业已经开始使用专门为改变环境而准备的设施。设想一下酒店中的会议设施吧。酒店中有可移动墙壁及其他设备，这可以让酒店工作人员轻松改变会议空间以满足不同客户的需求。

近年来，购物中心和办公建筑都被设计成可定制的内部空间样式。墙是由易更换金属架制成，房顶是由易更换的吊顶做成，吊顶里面装有机械、电力和网络系统，从而方便人们使用和更新。当新客户要求不同的内部空间时，这些可以根据需求被调整。

学校设计者在建立新校舍时要采用类似的思维方式。21世纪我们都确信一件事情，那就是变化必然发生。因此我们在设计学校时，要把变化这个因素考虑进去。这将会极大改变我们对校舍设计这一概念的理解。在过去，学校在校舍上投入更多以确保其长久耐用。其他的花费通常用在了砌体分区、铺设水磨石地面等上。然而，在将来学校会在建材上花费更少，因为我们认识到在整个大楼使用的自始至终，内部空间会被改变多次。

这就要求学区工作者改变对校舍概念的理解，他们必须认识到学校内部设施是临时的。虽然这种思想对学区工作者来说是新的，但办公楼的设计者早已采用这种思想进行设计。他们仅仅为建筑的外壳做设计、预算，建筑内部的设施都是临时的，会根据用户的需求而改变，而用户会在使用建筑的过程中会多次改变其内部构造及设备。

不断变化这一概念会促使学区工作者们进一步转变思维。如我们所见，现代社会中的指数式变化来得突然并且不易预知，这对于传统的学校设计思维而言是最大的噩梦。但如何应对快速不可预知的变化对我们来说并不陌生。

看看商业界是如何应对科技发展领域中快速不可预知的变化的。虽然商业界不能预知会发生什么样的变化，他们却清楚新型电脑会不断冲击市场，这些电脑的新能量和特性会吸引顾客。为了应对高科技设备不断更新的现状，许多商家不再购买设备。他们租用设备并将其视为使用寿命不长（仅有两三年）的消费品。这些商业不把科技当成生产资料而是当成办公用品。租期满时，他们还回电脑。如果他们把电脑当成了消耗品，商业界就会把电脑发给员工让他们带回家。上述情形表明，商家会把电脑升级为最新、最强大机型。这样，商家就跟上了快速变化的电脑科技。

因为21世纪对于教育界来讲是一个快速变化的环境，学区工作者不得不也来考虑上述的选择。清楚了学校将不断被改变以适应学生不断变化的需求，学区工作者可以考虑租用校舍。这会使得学校在租期结束时搬到更合适的地方，或者至少使翻新的费用让房主来承担，因为房主要留住学校就得翻新。

按照这种思想，学校和学区将会出现崭新面貌。学校的主要结构空间可以坐落于办公楼或零售出租的地方。学区可以为某些学习活动签短期合同以便需求变化时可以搬到更合适的地点。学区可以仅仅拥有专业化的空间，如科学实验室、美术工作室、剧院、音乐厅及其他职业教育的专业空间。一些学区可以选择拥有体育、教育运动空间和场地，其他学区也可以向社区群体寻求帮助。

学校面临的真正问题

很显然，在21世纪，创建新的学习环境涉及的各个方面都会遇到惊人的挑战。必须明白，如果我们希望学校发挥作用、效率高、可推广，并且能招收到学生，学校就不能维持老样子。如果我们想要创新型学校，使中学在新时代的学习中发挥重大作用，我们就不能继续采用已经成为过去式的工业时代的思想和方法来创建学校，这就意味着学校必须改变。正如巴德告诉我们的："那就是矛盾所在。"

　　如今学校面临的最重要问题不是吸收我们提过的新科技，也不是适应数字化时代学生的新思维方式，更不是实施上述的新学校设计方案，甚至也不是对下文中将要提到的中学模型的取舍，如今学校面临的最重要问题是那些掌控教育的人士不愿放弃他们在教育系统中的旧角色。教师必须放弃为20世纪工业时代所设计的直接教学模式。行政人员和学区工作人员必须放弃传统的管理学生的思想。学区设备管理人员和建筑师必须放弃有关学校运行和学校外观那些先入为主的思想。

　　这个问题归根结底是改变习惯的问题。在过去，人们花费了很多时间和精力学习新的技巧才使学校能够像现在这样运转。许多人一生都在学习如何在工业时代的学校里教学。其他一些人把整个职业生涯都投入到学习设计20世纪设备所需的知识和技能当中去。学校长久以来一直没变，人们已经对既有的运转方式感到放心。学校的各方各面已经固定下来了，如学校财政、课程制定、学生考评、学校责任、学期长短，甚至与学校有关的劳动法、家庭习惯、社区体育形象等都已成定势。

　　现在我们要说的是，21世纪的世界与我们成长起来的那个20世纪大不相同，这就要求我们转变教育思维，这也使很多人美梦破灭。对于已习惯于老套做法的任何人来说，转变到21世纪学校设计方式上来是一个挑战，并且在老套做法上花费时间越多的人面临的挑战也就越大。简而言之，转变会让人感到不适。它将迫使人们重新审视自己对学生、学习、教学法、学校组织、学校设计的全部思想。这需要时间和精力，这会很麻烦，人们也很容易回到老路上去。

　　在考虑学区时，我们把人们的思想比喻成橡皮筋。我们最初的目标是拉开皮筋，检查一下如今的数字世界正发生着什么及其对我们的孩子有什么影响，即我们在第一章谈论的内容。我们让人们考虑这些变化对我们的教学方式、学生评价方式、学校设计方式及新设备设计方式有何意义。我们已经得出这样的结论：教师、行政人员、学区工作人员、学校管理委员会成员、商人、学生、家长和社区成员无一例外都认为教育不能再像现在这样做下去。我们这样的比喻发人深省，那些相关人员也对学校教育将如何采用新思想感到振奋。到我们开始探索 21 世学校面貌的时候，皮筋已经被拉伸得很长。

之后，不同寻常的事情发生了。上述比喻中的相关人士，尤其是教育系统中的人，开始真正认识到他们憧憬的那种变化本身的重大意义及其隐含深义。要想使这种憧憬变成现实，就要求人们彻底改变现行做法。人们开始意识到这需要真正的努力，但他们也开始明白这将使人感觉非常不舒服。因此，他们开始质疑采用不同寻常的学校设计新思想是否明智，这时皮筋开始往回缩。

之后直接参与开创这种思想的人开始从没有直接参与的人那里得到反馈。最初的构思被写出来、分发出去供人们反馈。有些反馈是肯定的，但大多数都是否定的。

我们听到的对 21 世纪学校憧憬的反馈例子有：

你疯了吗？你不能指望教师那样教。

这得花费多少啊，你有没有概念？

对啊，想法不错，但不现实。

你怎么那么确信世界将会有那么大变化？

这样的事我们也见识过。这些与科技有关的东西就像开放课堂一样可以流行一时，但不久就会成为过去，事情也会恢复原样。

要是学校成那样，我就不能使用已经备好的教案了。

教育部绝不会让你们这样做的。

考试成绩怎么办？

人们才不会上这种学校呢。你在想什么呢？

现在的学校有什么问题？它们过去所授的知识对我来说就够用了，所以它们对今天的孩子来说也应该一样够用了。

我们从上述例子可以看出，大多数人们反馈的出发点都是新型学校教育是否使他们感到舒服。随着他们真正了解把这种新概念变成现实要作出多么大的改变，要费多少时间、精力和努力时，于是得到了下面的反馈结果。

结果就是，为了降低这种新思想的难度，新思想被打了折扣。这种新思想诞生之初曾被视为如此重要，如今却受到质疑，它的新优点也被否定了。人们绞尽脑汁列举它不能实施的理由，而不去找寻它可以实施的种种方法。教师们攻击这种新教学法，因为教师们从未见到类似教学方法。家长不喜欢这种新学校，因为它们不像他们曾经就读的学校。学区工作者不喜欢这种新想法，因为他们不知道怎样在这种新环境下管理学生。每个人都只看到了新学习方法的问题。到了人们和建筑师一起表决下一个学校的设计时，这种思想就被严厉批评甚至否决。

为什么会这样？因为人们的思想已经根深蒂固，在学校教育上墨守成规比改变更容易。你一定觉得自出生起学校的模样就没变过，人们简直可以说是在学校的伴随下长大。

迎接21世纪变革需要我们重新思考长久以来被认为理所当然的事情。大多数人不敢接受这种变化而固守他们所熟悉的东西。他们否定变革，嘲笑那些支持变革的人，不敢面对变革的先兆，否定考虑新思想，并且把遇到的任何问题都当成完全否定变革的理由。为什么呢？因为深入开展变革，改变我们长久以来的低效教学以及学校设计的方式很费力气、很累人，这相对更难。

我们有充分的理由说学校系统回避了变革。这本书中有关重新组织学校的思想并不是新的。虽然在每个模型上加了我们的看法，虽然在学校组织形式里增加了网上学校，但我们谈到的组织模型仅仅是别人思想重新组合后的产物，并且别人的这些思想也不是新的。

例如，劳埃德·特朗普（J. Lwyd Trump）意识到有必要改变教学方式，在1959年写了《未来世界的样子》（*Images of the Future*）一书。此后，许多人都得出类似的结论：学校的状态需要改变。然而，虽然越来越多的研究指出学校有必要作出重大变革，那些负责教育的人们却依然对教育模式的呼声置之不理。

现实里最困难的是学校的负责人已经决定忽视变革的呼声，尽管如今学校效率低下也要维持传统教学模式。下面仅列举几个有关美国学校效率低下的冷冰冰的数据。

- 近三分之一的公立中学学生,黑人、西班牙裔和美国原住民学生中的二分之一不能从公立学校毕业 [布里奇兰(Bridgeland),蒂留里奥(DiIulio) & 莫里森(Morison), 2006, P1]。
- 美国在工业化国家中中学毕业率最低[《全国州长协会》(NGA) 2005, P3]。
- 在对英语和数学进行评估时,三分之一的初中生达不到标准 [NGA, 2005, P3]。
- 约三分之一继续上大学的高中毕业生需要立刻上补习课 [NGA, 2005, P3]。
- 九年级学生求学比例如下:68% 中学毕业,其中的 40% 马上进入大学,27% 读完大学一年级,18% 大学毕业 [NGA, 2005, P3]。
- 84% 的从业者认为基础教育(K-12)在帮助学生准备就业方面做得不足——数学、科技、阅读和理解——甚至在出勤、守时、职业道德方面做得都不够 [《全国制造商协会》, 2005, P16]。
- 如今在德克萨斯州大学新生中几乎有一半必须修补习课 [《休斯顿纪事报》7月7号刊, 2006, PB1]。

这些数据描绘出了学校教育质量差得惊人。但如果教育界无视这些有数据为证的教育低下现状和对教育变革的需求而拒绝大的变革,我们就会得出这样的结论:教育界正在选择,不管是有意还是无意的,坚持效率低下、表现不佳的旧教育方式,而放弃了迫切需要的变革,因为墨守成规让他们觉得更舒服。

这就说明了如今打破教育陈规的困难程度,这也说明了教育陈规的顽固性。学校传承这种教育制度已经多年,并且人们对这种教育制度已经非常熟悉,因此教育变革很难。我们的教育制度由于使用时间很长了,就被人们毫无疑问地接受了,这就如同人们看待长长的两条铁轨的宽度一样。人们都说坚持某事需要力量,然而,事实却是放弃熟悉的东西需要人们投入极大的精力。

我们能做什么？

那是不是没救了呢？绝对不是。我们如果想让学校教育脱离传统观念的束缚就需加倍努力。

从哪里着手呢？我们首先就要传达之前设想的学校设计新理念。如果你开始问自己这些问题：世界向哪个方向发展？科技发展预示着什么？数字时代的孩子们在经历着什么？你自然就会明白学习可能是并且应该是什么样子。一些人已经帮助学区谋划 21 世纪的学校教育多年，那就把这些人找出来吧。

不要急于前进。以我们的经验来看，那些没有花费时间构思新学习方式的学区会遇到很大的抵制力，这是必然的，因为他们没有让所有与新学校设计和经营相关的人员参与到蓝图的谋划中来。

一个机构变革的关键就是和所有与变革相关的人员进行真正的对话，共同谋划蓝图。如果这些人不参与进来，他们就不会完全明白为什么要进行变革。结果，一点改变他们就会抵制。

虽然让所有人参与谋划蓝图需要时间和金钱，这却是重大变革的关键。一旦所有利益相关人员有机会参与并且真正参与进来，你就可以拟出一份为学校指明新方向的蓝图，把这份蓝图作为衡量任何新设施的标准。在花费成本设计和建筑之前，你还要拿出些时间为学校做全面的新谋划。

当然，为学校谋划并不容易，不要简单地认为蓝图画好了，工作就结束了。事实上，难的部分在后面。把蓝图变成现实需要非凡的勇气，坚定的信念及许多平凡、艰苦的工作。别忘了，皮筋还会反弹。

一定要明白——把教育和学习的新思想实施到学生身上是新型教育转型的最重要、最困难的部分。

那些信奉传统教学法和传统学校设计的人肯定会发出批评的声音。随着他们意识到自己必须随着学校远离 20 世纪的学校管理方式和学校设计而改变，他们反对的声音会越来越大。

为了对抗不可避免的指责，那些倡导变革的人必须明白改变长久以来的学习方式需要齐心协力和长时间努力。我们不能把变革看成是一蹴而就的短时行为。没有不断的鼓励和帮助，人们就会回到熟悉、安逸的老路上去。

开创 21 世纪的新学校，所有参与的人在新体系建设之后都要在几年内不断得到支持和培训。这也许很难，这也许是挣扎，很多人会抱怨。你有时会怀疑自己怎么轻率地就开始开创新学校，那么记住下面这点非常重要：你开始考虑新的教学方法和学习模式是为了——我们的孩子以及他们能在科技流行、前所未有的 21 世纪成功。

第一章我们就对"愚顽"这个词下了定义：一直做着同样事情，却期盼、想要得到或需要截然不同的结果。我们见到这种愚顽每天都在孩子们的学校里上演。我们写这本书就是为了让人们从愚顽走到 21 世纪学校的新路上来。我们坚信，如果你遵循我们勾勒出来的变革程序，并对随后的学校模型加以组合，你将开创全新的学校设计。而目前的学校制度中急缺的就是这样的设计，它可以调动现代学生的积极性，帮他们为未来的生活做好准备。你会创造出什么样的学校呢？我们都迫不及待要看了。

> **小提示**：审视你们的学校，看看它们是怎样满足学生多变的需求的
>
> - 评估自己对如今学校的满意程度。在学校的设计和管理中，你发挥了什么作用？你是否因为对新观点感到陌生或不信任就反对呢？
> - 你们的中学是怎样反映出学生多样性的需求的？在校际间你们的教学方法和内容有何不同？
> - 你所在的学区、家长和学生怎样择校？他们对教育方法和学校有选择吗？
> - 你学校的教育和设施如何来适应当今世界学生面临的指数式增长变化？
> - 新校开学时，你怎样确保学校蓝图在长期经营中得到实现？
> - 你学生的中学毕业率是多少？那些毕业生在大学和工作岗位上发展如何？随着时间的流逝，你所在的社区逐渐接受了上述两点吗？

第三章
领导策略
——鼓励和评估技术集成 ①

林妮·施伦普
芭芭拉·莱文

教师专业提升若想有效，它必须具备严谨的知识内容，清楚描述教学情景和教师经验，支持知情不同意，持续专注于教育目的和实践，帮助教师在憎恶变革的环境中作出改变，让教师参与对专业提升的目的和活动进行定义。

——山珂（Shanker），1996，P223

导 论

本章将拓宽学校领导者对于创新是如何扩展的的理解，提供有助于创新的组织结构范例，为教育者提供一个观察和反馈的标准。此外还会介绍理解个人属性转变时要考虑的两个框架，随后，本章将讨论帮助学校领导者使用信息科技的各种组织结构。最后，学校领导者有必要明白、观察，并提供反馈给那些将信息科技应用于课堂的教育者，一个有关如何这样做的框架也一并被列出。

如何促进个人科技集成？

不管促进何种创新，迈克尔·富兰（Michael Fulan）的作品（2007年版）都

---

① 本章复印自：*Leading 21st-Century Schools: Harnessing Technology of Engagement and Achievement* by Lynne Schrum and Barbara B. Levin. Thousand Oaks，CA：corwin. www. corwin. com.

值得再次阅读。"对所有领导行为的立竿见影的检验方式就是看它能否调动人们把精力投入到改善事情的行动中去。要有个人的献身,但首先要有全体动员。"(P9)蒂斯特曼,弗劳尔兹,阿尔高今(Testerman, Flowers, &Algozzine, 2002)指出"如果教育领导者继续在知识和科技能力方面发展滞后,就不能享受到创新科技实践的成果。"(P60)在促进学校有效地使用科技方面,几种成功的思想已被学校领导者采纳。

在科技方面,一项最近的研究(CDW-G, 2007)可以为本章设置语境,它描述了教师对科技应用的想法。接受调查者表示不再研究电脑是如何工作的,而是研究如何能够应用科技改变他们教的方式,并且他们相信这样将改变学生学的方式。他们相信科技正在影响他们教授思考和学习技巧的方式,对终身学习者的发展也有影响。教师们明确表示科技不仅是教学的有效工具,还是行政、交流和科研的助手。本次调查表明最近三年内持这种观点的教师一直在增加。调查结果表明小学教师勉强能有足够的时间把科技融入课程,而中学和高中教师则有机会使用科技(P15)。和本章直接相关的一点调查结果是:接受调查的近20%教师称他们在过去一年科技专业技能并未提升。而最有趣的是,报告的结论是"教师科技专业技能提升的时间越长,他们越有可能觉得科技是种重要的课堂工具"(P20)。

从这条信息看来,似乎学校领导者必须同时做许多的事情来领导和支持教育者在21世纪的学校做好本职工作并在恰当时机应用科技。伯格乐(Bogler, 2005)曾表明授权给教师并给他们决策的机会能提高教师的敬业精神。此外,巴图耐克,格林伯格,戴维森(Bartunek, Greenberg, & Davidson, 1999)曾表明得到授权的教师将会对变革开端作出积极评价,由此得出校长的支持和授权是教师参与变革决策的重要因素。此外,雷斯伍德,路易斯,安德森和瓦尔斯特伦(Leithwood, Louis, Anderson, &Wahlstrom, 2004)曾在一项研究中指出优秀的领导行为由三种活动构成:(1)指出方向;(2)培养人才;(3)重构组织以适应变化。既然我们这章研究的是变革过程,那就很值得把这条信息和行政人员的可能行为牢牢记在心间。

> 校长的支持和授权是教师参与变革决策的重要因素。

采纳革新——理解变革过程

我们可能公认每一场变革都是困难的,不论是对个人还是对某个组织来说。出于很多原因,改变一所学校的文化是复杂的、具有挑战性的。当科技融入到变革中后,变革就更加复杂。事实上,马扎诺,沃特斯和麦克纳尔迪(Marzano, Waters, & McNulty, 2005)曾表示:

公立教育 K-12 中的常量之一就是总有人努力改变这种教育——总有人提出新的计划或方案……比较突出但没有持续多久的计划就有循序渐进教学法(或称程序教学)、开放教育、两班制、灵活工作制。(P 65)

也许最常被引用的描述和核实有关组织性改变的本质的结构就是埃弗雷特·罗杰斯(Everett Rogers, 2003)的著述。他把采纳革新比作我们研究个体差异时所熟悉的抛物线,也就是说,并不是所有参与变革的人都会以同样的速度接受变革或发生改变。

罗杰斯(2003 年)的著述阐述了下列五种个体的变化,此处用实施变革中各种参与者的比例来表示(见表 3.1):

表 3.1 个体变化

创新者	拉动变革的勇敢人士	2.5%
早期接受者	受人尊敬的人和舆论领袖,他们以小心翼翼的方式实践变革	13.5%
早期大众	这是一群深思熟虑的人,他们接受变革时谨慎但比一般人接受得快	34%
晚期大众	挑剔的人,当大多数人采纳新思想时他们才接纳	34%
迟滞者	对新思想表现得更加传统、更加苛刻	16%

罗杰斯还描述到每个采纳者是否乐意、能否接受变革取决于他们的兴趣、认为变革所具有的价值及对变革的尝试,或与变革的互动。罗杰斯还解释了为什么一种变革的被接受程度与其他变革的被接受程度不一样。他指出变革接受者的数量是决定性的,他们需要说服"主流"教师,让他们应该有效地、不

断地、经常地应用科技以确保成功。最后，这一套工具随着个体接受、使用、共享工具的过程而不断演变。组织文献中有足够的证据表明参与决策是变革的主要动力。因为它会提高组织效率（Martin & Kragler, 1999; Somech, 2002; Somech & Bogler, 2002）。

当然了，支持那些有意改革的人前进也很重要。但对于那些不能接受革新的人（不管什么样的革新），也不能惩罚或威胁。因此，现在值得我们去看看另一种与教育直接相关的另一种变革模式。霍尔（Hall）和霍德（Hord）于1987年开创了关注为本采用模式（CBAM），这种方法以过程为向导检查个体对变化的反应。在过去的20年中，CBAM一直在为那些开始考虑引进包括科技在内的变革的人们提供信息和引导。图3.1中所示框架为思考变革提供了语境。

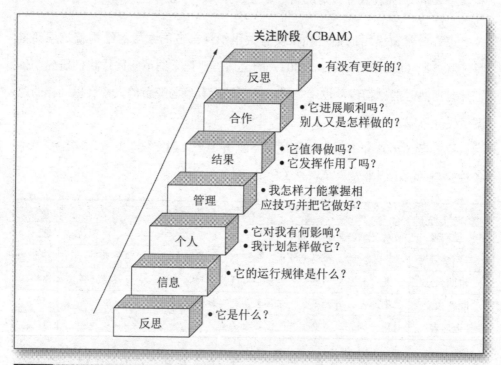

图3.1　关注阶段（CBAM）

这个模型特别能说明个人思想变化的过程。霍斯利（Horsley）和劳克斯（Loucks-Horsley）（1998）认为，底层的三个台阶关注自我，中间一层关注对任务的熟练掌握，直到我们十分熟悉这些任务。最后，上面几层关注变革的结果和影响。此模型有助于个体通过回答相应问题找到自己处在变革的那个阶段。开始的问题可能更关注自我，而后面的问题更关注任务。最后一点，个体更注重影响。任何校领导在管理变革或倡导迈进21世纪学校这样的变革时，一个很重要的任务就是保持沟通的畅通和承认个体的问题。这个模型在设计和区分专业提升机会时也很有用，这一点我们会在下面谈及。

改变文化氛围的步骤

校领导必须能够辨别出设计完美并富于科技因素的课程，然而，更重要的是提供支持和鼓励给那些设计得不那么好的课程并使它们得到改进。1997年乔纳森（Jonassen）在著作中描述了有意义的能调动人积极性的学习环境的特性。总体来说，这样的环境都要求学生成为积极的学习者，参加各种复杂而又有目的的活动，并且要有合作精神和为学习自我负责的精神。

我们还有必要记住，当牢记以下两个重要因素时，作为成年人的教师反应最积极（Little，1982）。首先，当别人对成人表现出尊重、信任和关心时，成人的学习效果得到提高。其次，成年人比其他任何人都更想主动学习——他们想选择自己的学习目标、学习内容、学习活动和成果评价。马努切赫（Manouchehri）和古德曼（Goodman）在2000年的著述中发现教师的教学改革并不随创新性材料的使用而出现，事实上，必须有关于对教学法理解的讨论，教学改革才会发生。此外，一项研究（Crawford，Chamblee，&Rowlett，1998）表明任何事情都不会发生得很快。他们研究了一个项目，这个项目利用七天的研讨会向教师介绍了一种新课程，一年实践期过后，他们发现教师们才真正开始改变新课程的使用状况和对新课程的疑问。另一著作（Nir & Bogler，2008；Somech & Bogler，2002）也表明当教师专业提升项目是长期的，并且专注于学生学习和与课程相关时，该项目才最有效果。

在另一项调查的项目中有中学教师、职前教师和大学教师，他们在任何项目实施之前都会进行合作、对话以便建立稳固的关系（Heflich, Dixon, & Davis, 2001），目标就是帮助教师"真正有效地把科技和数学融入基于问题的科学教学中去"（P101）。通过在发展初期让教育者参与到项目中，研究人员得出结论：参与的经验和真正的科学活动改变了教师对目的和结果的看法，在教师改变了教授科学的方式并把科技融入进来之后就会产生这种改变。因此寻求改变学校文化、改变科技应用及其他21世纪技能的校领导应该考虑放手让教师选择自己参与的方式，让他们把重点目标放在学生的学习上（通过让他们自己选择学习目标、学习内容、学习活动和成果评价），为教师提供长期的专业提升及与他人合作交流的机会，并且尊重、信任教师，在实施变革和采纳新事物的每一阶段都赋予他们权利。

同等重要的是要认识到校领导不能单枪匹马完成这些目标。许多学校都存在四个组织结构，这些结构会给领导提供支持并互相协作帮助实现蓝图。

专业提升连续统一体和专业学习共同体

很显然，不论一所学校或一间教室有多少设备，这并不能在教室里产生多大变化，除非教育者准备充分、信心十足并且已经得到锻炼的机会（Hernandez-Ramos, 2005; Norris, Sullivan, Poirot, &Solloway, 2003; Sandholtz&Reilly, 2004）。最终，学习经验的产生要利用新科技的特性，这要求教育者（这对其他有意义的变革也很关键）重构自己的角色（Bai & Ertmer, 2008）。显然，没有精心设计的持续进行的专业提升，教育者不能够重新考虑他们该怎样设计学习（Schrum, 1999）。不幸的是，许多专注于科技的培训都没效果。研究者对此给出了多种解释：在不熟悉的设备上培训，专注于软、硬件而不是专注于如何把它们融合进教学实践中去，离学生、教师真正所需太远，没有达成共识（Bauer, 2005; Glassett, 2007; Hernandez-Ramos, 2005）。

开创支持科技的专业提升意味着什么？校领导们已经讨论了有必要当好倾听者（Tate & Dunklee, 2005），那么最大的挑战就是开始有关这个话题的讨论。对此人们知道了什么？人们关心什么？他们想知道什么？共识的培养是重要的

(Reeves，2006)，它将促进专业学习共同体的必要成长和发展（Louis & Kruse，1995；Schmoker，2001）。路易斯和克鲁斯指出了成功的学习共同体的特征：看上去花时间见面和会谈（可以是面对面或通过电子通信手段）、教授那些互相依赖的角色及交流结构，授权给教师这些似乎都非常重要。杜福尔（DuFour，2004）在著述中就表明："要建设专业学习共同体，就要聚焦于学习而不是教学，相互合作并让自己对结果负责。"(P6)

通过分析成功的专业学习共同体，可以看出要想真正维持并鼓励教师成长，需要满足几个重要的条件；每个条件都取决于行政领导的支持和鼓励（美国西南教育发展实验室，2008）。支持并共享领导权是必需的，这可以有多种形式，但总体来说，学习共同体要自己决定行动方案。但很难让学校领导者承认领导们自己也可以从参与这种合作努力中获益。通过发挥集体的创造力、分享远景和价值观，专业学习共同体（PLC）确定自己的目标和实现目标的途径。路易斯和克鲁斯(Louis & Kruse)在1995年解释说明这一点体现在来自各个层次学校的人一起努力。形式不一，可以是共同读一本书来支持一所学校或地区范围内的关注点，也可以是展示成员的专业技能。这个共同体需要支持的环境，这也是行政人员再次有能力伸出援手的地方。

虽然并不是总能创建可行的专业学习共同体，但通过各种途径在小的话题、内容或级别的利益集团内建设学习共同体也是很有价值的。创建学习、研究的文化氛围可能影响科技在全体教学员工中的应用（Adamy & Heinecke，2005）。

一旦目标确立，就有必要设计专业提升体验。个体需要什么，并且对于全体成员来说什么活动是必要的？第一点，一种学习方式并不能满足每一个个体的需求，记住这一点很重要。一项研究（Schrum, Skeele, & Grant，2002—2003）表明提供多样化学习方式是有效的。提供选择菜单常常是一种鼓励教育者甚至是那些积极性不高的教育者参与专业提升活动的途径。例如，及时的一对一，或小组，或大组都是向教育者提供信息和实践

> 在教师开始设计教学之前，他们要先适应利用科技开展学习活动。

方案的可行途径。有些教师更喜欢观摩示范课，例如，需要科技支持的科学课应该是什么样子呢？

在教师开始设计教学之前，他们要先适应利用科技开展学习活动。普尔（Poole, 2006）曾指出教师在有效融合科技之前，要做好六项科技活动。即：

- 生产力工具：每位教师都应该精通使用产能工具（文字处理软件、演示软件、电子数据表等）。
- 排解故障：每位教师都应该能够排解那些在课堂中经常出现的科技故障。
- 科技帮助：每位教师都应该知道去哪里寻求科技帮助。
- 网络资源：每位教师都应该熟悉自己领域中的网络资源。
- 检索技巧：每位教师都应该熟练掌握网络检索技巧。
- 兴趣和灵活性：每位教师都应该乐于学习新方法做事情。（改编自普尔，2006）

如第二章所讨论的，大多数教师都掌握了上述技巧。但在研讨中明确要求教师掌握这些技巧也许是不错的主意。至少这将传递出一个信息：你的学校需要精通科技的教师。

科技的协调员——变革的第一步

许多学校都已经意识到有必要指定一个人，通常是一位经验丰富的教育者作为科技协调员。这个角色通常要平衡课程整合与科技方面的基础技术，然而，这些人更多的是把重点放在帮助其他教师、为课程活动提供帮助、上演示课和直接教授学生上。

科技协调员的其他职责包括：为其他教师提供科技使用策略以便使学习富有成效、鼓励独立而有创造性地使用科技工具、提倡在使用这些工具时利用学生的技巧。他们协调各项活动，并在网络和软件使用方面向教育者提供专业提升途径，向学校工作人员提供培训。他们为教师和学生在教室和媒体中心模拟有效利用现今科技和新兴科技。他们也许还从合法的、伦理的、安全的层面上讲授如何正确使用科技。此外，道格·普劳蒂（Doug Prouty）（http://www.thesnorkel.org/articles/Top10.pdf）指出：

1. 他们必须成为有效的领导者；
2. 他们必须成为有效的传播者；
3. 他们必须确立优先处理的事情，并坚持先做这些事情；
4. 他们必须增加预算和资金来源；
5. 他们必须提供并组织工作人员培训；
6. 他们必须提供并监督科技支持；
7. 他们必须整合各个层次的基础设施、软件和硬件。
8. 他们必须分配使用权；
9. 他们必须维护网络稳定和安全；
10. 他们必须参加政治。（改编自普劳蒂，未注明出版日期）

科技协调者已经通过各种组织方式团结起来互相支持、互通信息。例如，Snorkel（http://www.thesnorkel.org/）是一个支持公立教育技术领导者的论坛，并且提供各种互动的帮助论坛、各种资源和材料链接。

在开始实施的最初几年，科技预算的大部分通常被投入到了硬件配置中，如网络、电脑。随着时间的流逝，更大部分的资金应该转到人员培训和支持上。（CoSN，2001，P11）

有些教育者把课程内教育科技的使用分为两种活动类型：第一种类型的活动是利用科技工具来提高效率。例如吉施纳和厄肯士（Kirschner & Erkens，2006）曾把这些归类为这样的学生活动"在学习环境下——以学习为目的——效率更高地或成果更高地进行某一特殊活动，人们称之为利用工具学习"（P199）。总体来说，学生学习限于使用文字处理软件、网络搜索、展示软件以便缩短完成某项任务的教学时间。就像一位行政助理使用文字处理软件而不用打字机一样，学生和科技工具互动的目的仅仅是利用工具。

使用这些工具的方式即第二种活动类型，它是为改变教和学的本质而设计的。第二种活动促进学生间的合作，促进在人类知识的广度上的动态互动（Kirschner & Erkens，2006；Kongrith & Maddux，2005）。这些活动除了在本质上有合作性之外，它们还可以让用户控制内容，要求学生创造性地、积极地和信息科技工具互动，给学生机会产出新知识而不是消化知识（Kirschner & Erkens，2006；Kongrith & Maddux，2005）。通过这些活动，信息科技工具可以完成布鲁姆的认知过程维度中的低层认知，这样就解放了学生的思想，可以让其做更多的动态过程活动。

这部分的重点在于强调全体教师在改变学校本质或学习本质中的重要作用。教育者可以在训练和帮助的各个层面提供帮助。共享领导权、共享策划和共享支持很重要，这有多种原因，当然这可以使教育者参与进来，还可以使校领导在全校达成共识、共担责任。教育科技后勤人员在帮助设计一项科技整合的进程或程序，提供科技援助及在物资采购支持中发挥着非常重要的作用。小组中的这些成员在取得横向和竖向进步中是必不可少的。

科技策划委员会

许多地区和学校通过建立科技策划委员会来获得在科技技巧、科技知识及科技使用方面的帮助。这些委员会提供一个让教师、领导者、家长、社区成员（取决于学习者的年龄）和学生聚到一起的机会。全国学校董事会协会（NSBA）提供了一个框架，通过这个框架可以检查在建立学校或地区科技策划委员会中各个利益相关者的角色（http://www.nsba.org/sbot/toolkit/ritp.html）。他们强调开始时要确定学生到底需要学习什么，之后再划定教师和其他人为使学生达到这些学习目标要承担的任务。

一个必要且重要的一面就是筹措维持和发展一项真正的科技实施方案所需的资金来源。随着电脑数量和其他科技工具的增多，辅助人员的数量却没有变。教师经常感到无奈：打印机没墨了、手提电脑没电了、软件过时了。所有这些都需要源源不断的资金支持和一个全部科技的更新方案。

在这个科技策划委员会中,现场管理人员又发挥着什么作用呢?全国学校董事会协会提出校长应一直发挥着重要作用,在策划阶段(帮助确定变革并为其提供支持),在实施阶段(对反馈持开放态度并消除混乱,确保按部就班实施),在体制化阶段(提高并标准化过程和步骤),值得一做的还有检查科技组是如何工作和互动的,用多种工具检查进程(http://www.nsba.org/sbot/toolkit/TeamSur.html)。

教师领袖:一个值得考虑的模式

最近教师已经开始担起教育界更多的领导职责:他们引领改革,组织课程活动并在学校体系内做课程教育向导。自 2001 年初起,教师领袖不断增多,2003 年教师领袖网(http://ww.teacherleaders.org/)成立。这一项目是为了培养教师的领导角色并为教师领袖提供一个讨论和分享经验的论坛。许多人选择当教师的一个主要原因就是教师掌握着改变的机会(Sadker & Sadker, 2005)。另外,如今许多教师都急切并且乐于把自己的影响力扩展到自己班级之外。丹尼尔森(Danielson, 2006)认为他们这种扩张自己影响力的愿望比教师的领导角色还重要。考虑到学校的扁平层级结构,教师的这种乐于承担更多责任的做法将会成为引领 21 世纪学校的重要支持体系,它会提升教师的贡献水平并增强其可能产生的影响(Ackerman & Mackenzie, 2006; Fullan, 1993)。当教师意识到担任领导的角色可以全面增强他们进行变革的能力时,他们会更乐于抓住机会担当这一角色。丹尼尔森(2007)曾提到"有效率的学校领袖表现得乐观、热情、自信和果断"(P17)。这对于那些准备变革学校或学区的学校领导者意味着什么呢?很明显,这些步骤可以作为引进 21 世纪学校的前奏。有共同的远景是起点,然而,共担责任、专业提升和奖励进步将随着变革的展开而变得重要。

学校领导者在培养产生教师领袖的环境中发挥着至关重要的作用,不过很值得找出学校领导者在鼓励和建设一个有力的教师领袖网时应该做的事情。有时,教师自己不愿做领袖。丹尼尔森(2007)认为这在澳大利亚被称作高大罂粟花综合症:枪打出头鸟。教师可能不愿让自己的同事知道自己努力增加学识或得到认定(如开始一个终极学位,或寻求美国国家专业教学标准认定)。这时学校领导者就要介入并建设一种鼓励教师担当领导角色的文化氛围。在这种情况下,教师需要学校领导者给予支持并向他们明确表达这样的期盼,还要为他们提供施展技巧和才能的机会和专业提升的机会(Henderson, 2008)。

利伯曼(Lieberman)和米勒(Miller, 2004)曾强调教师领袖的三大角色:倡导者、革新者、管理员。他们的区别就是:倡导者倡导做什么对学生的学习最好,革新者不仅仅是思考者还是创新的行动者,管理者则是那些积极塑造教师行业本身的那些人。

> 为了达到这三者中的任何一个目标,学校领导者都需要鼓励教师成为他们自己乐意成为的那种类型的领导,并为他们提供一个可以冒险的环境。

教师必须确信校领导会支持和鼓励他们。这类型的学校领导者在科技整合中会发挥重要作用,因为在那里教师需要一个被支持的、可以信赖的环境(Semich & Grahma, 2006)。里尔和贝克尔(Riel & Becker, 2008)认为,科技经常是教师担当领导角色的动力。他们说通过非正式的沟通网络和会议,"使用电脑的教师意识到他们属于一个处在教育变革前沿的创新群体"(P397)。

当然了,没有全校的支持,尤其是来自领导者的支持,教师不可能自觉自愿担当领袖的角色。然而,通过这些有效的措施来看待教师领袖这一概念也是值得的,因此,帮助教师个人确认他们自己处在这个连续统一体的位置,并看清自己想往哪个方向走,这也许是一个起点。

一个富于科技的课堂:若没有亲眼看见,我们能明白吗?

一旦教育者决定把科技融入课程,有人为他们观察、支持和反馈就很重要。那么这个人怎样知道如何来做这件事呢?或者说领导者准备好了有技巧地观察并给出反馈了吗?此时如果建立一个框架或设定一套目标会更好。不管教师使用什么样的教案格式,观察者都可以使用表3.2中所列选项找出主要内容是否明显,从而可以和一个或一组教师讨论如何提高或增加那些包含科技因素的教案的可行性。表 3.2 的一个作用就是随着课程推进，观察者可以将其作为提问的一系列问题。复印一份《国家教育技术标准－教师标准》（NETS·T）与此表搭配使用也很好，这样方便了解教师在做什么，目标是怎样达到的，科技是怎样融入课堂的。

表 3.2　评价技术强化课堂的注意事项	
类别	你将看到
标准/目标	标准之间的衔接事实、学生成果、科技的合理使用。
科技使用的总体目的	科技以动态的方式被应用，并且学生明白预期的结果。选择常用和/或者新的工具以达到课程目标。使用科技以促进21世纪的思维和技巧，如合作、交流、问题解决、批判思考和创新。
与科技应用相关的东西	科技增加了特别的内容、实践或特性，这些离开了科技就不能获得，或科技产生了特别的学习效果。科技拓展或扩展了学习成果，这些离开科技就不可能达到。
学习活动	整个课堂中，学生活跃、参与并得到帮助。达到了多层次的理解：合成、评价和知识创新。要求学生们重新展现自己的学习过程而不是重述信息。
职业素养/准备工作	支持的材料和要分发的讲义已准备好，并且清楚、完整、能吸引学生。设备已备好、预先审查过并处于工作状态。
实施策略	科技使用和管理的指导方针明确并且供学生模仿。提醒学生选择合适的资源。预留出充足的时间。
评估环节	评估和目标及标准直接相关的，并包含对技术环节的评估。评估环节为不同学习方式和学习水平的学生提供改进的机会。

考虑学习者在做什么、他们怎样展示一节课中的知识和技巧也很重要。这些问题会引导观察者回到《国家教育技术标准－学生标准》（NETS·S）。学习者主动吗？有创造性吗？交流思想吗？观察者可以把这个框架作为开场白或作为引起注意的途径（而不是作为评价的工具）。同样地，如果教师和校领导共同观看了一节有代表性的课，他们可以共同探讨如何让课程更符合 NETS；或者年级团队或内容层次团队可以共同构思一个单元或一节课。仅仅共同过一遍这个流程也会使每一个人开始思考如何重构一节课。

> **两位学校领导的故事……**

> **通过建立专业学习共同体来领路：**
> **执行董事伊妮德·西尔弗斯坦（Enid Silverstein）博士和**
> **协调员玛丽·韦格纳（Mary Wegner）的故事**
>
> 　　作为课程项目董事，我号召课程内容领导者行动起来推进教学改革以便与以指数增长的21世纪的学习需求一致，并在他们的影响范围内建立实践共同体。我开创了一个项目——通过行动研究变革教学实践，这个专业发展计划由安克雷奇校区的课程和指导监督部及教育科技系共同设计和指导。选择行动研究是因为它通过不断的监督与修改，有潜力解决当地的教育问题，同时还因为它有潜力在实践共同体内产生并加强凝聚力。计划的主要部分就是让课程专家首先了解用网络2.0开展行动研究的主要原则，之后就将其直接融入他们的课程中去。这个项目的参与者主要包括所有内容领域的课程协调者和指导教师及各个课程指导项目的领袖。教育科技系的教师在上一个学年已经开始了行动研究项目，并且通过合作过程的支持已经可以把网络2.0应用在行动研究的探索上。教育系的实践确保了以连续的途径实现在教育科技教学中的最佳实践。其他项目活动还包括普通阅读和小组讨论，这些都是有关行动研究、实践共同体和连接主义的。个性化的指导通过和林妮·施伦普博士面对面会议、电视会议及电子通讯的方式进行，林妮·施伦普博士先前做过教育科技行动研究项目。使用网络2.0工具代替面对面培训、与教师组的合作得到了重视，例如参与者通过课程与教学支持——维基网彼此交流、在网上提供资源和发起讨论。
>
> 　　项目活动带来了几个益处：首先，这些活动建立在之前系部的有关探索21世纪教与学最佳方案的计划之上，这个计划还包含对富于科技学习的探索。其次，集体学习过程和反思实践以模仿网络2.0工具的有目的选择和恰当使用为中心。最后，参与者会利用工作过程中得到的信息在自己相关的项目和研究中发表、展示。这里是课程部的行动研究样本：
>
> 　　世界语言部门认同那些使用科技工具增加学生口语技巧的教师，并发现了那些可以产生最佳效果的工具。一个调查显示了有效使用这些工具的障碍，即教师正利用科技来评价学生。这个项目的下一步就是鼓励教师利用这些工具帮助学生进行语言习得性练习，并进行更有组织更有连续性的评价。其他目标有：为教师提供一个论坛来共享活动、使工具应用更加全球化、克服有效使用的已知障碍并有计划地把专业发展培训纳入战略计划中。
>
> 　　社会和情绪学习（SEL）及健康／体育教育协调者组织起来使用Ning来为30位

（续）

小学健康和 SEL 专家提供专业提升继续教育。研究数据表明，作为校里的 SEL 领导和教师，对教授 SEL 课程和自我知觉有不同的接纳程度。已经有一个网上论坛来帮助这些教师互相合作、分享思想，网上还有视频供教学或实现专业发展之用。Ning 为教师提供交流成功课程课和成功策略的空间，也为 SEL 和健康课程提供链接。

一项语言艺术项目的目标就是通过分享最佳实践把 9 年级的英语教师和社会研究教师联系在一起以培养专业的社会网络。网络访问者找到重要实践内容和需要解决的感兴趣问题。在鼓励之下，个别教师开始主持那些被证明有效的课程并发现需要进一步探索的问题，同时在 Ning 上查看对教师提问的回复。

中学数学组将他们原来的问题"维基网怎样促进合作教学？"改变为"参加专业学习合作共同体怎样促进合作"。对照组、学校会议和维基网都被用来搜集数据。得出的一个结论就是提问技巧的特异性是比较和记录教师思想变化的关键。项目数据又可引出对专业学习共同体及加强校内相关互动的研究。

音乐行动研究项目是为了提高互动交流网络与家长和社区的交流，并在音乐教师中增强有关在公共音乐活动和开展教育的三大区域的意识。按年级水平安排的所有音乐活动日程被添加到网上，并把有关使用谷歌工具和维基网的专业发展提供给员工。一项调查正在展开，用以评估在部门内使用科技工具相关的能力、使用接受度和专业提升需要。据网上统计，这些工具的使用次数正在不断增加。

随着学校重组以满足 21 世纪学生的需求，所有的教育者都会从这样的专业发展机会中受益，它可以提供通过行动研究探索解决问题的渠道。作为一种迭代过程，它是一种以教育者利用 21 世纪的工具和资源进行实践为基础的行为。

伊妮德·西尔弗斯坦，教育博士，
阿拉斯加安克雷奇校区，
课程与教育指导部，执行董事

玛丽·韦格纳，协调员
阿拉斯加安克雷奇校区小学
教育科技部

这个故事说明了《美国国家教育技术标准》中的标准 3 在数字时代中的专业实践中推动进步，标准 4 促使教育事业的制度转变。

结　论

　　本章重点研究了在一些具体内容领域及各年级课程应用中支持、鼓励和促进科技应用的挑战。本章还介绍了教师在将科技融汇于教学时面临的挑战和展现出的复杂性。它也向校领导展现了检查和理解多种科技应用的方式。我们还提供了校领导在观察课堂和提供反馈时可用的标准。我们希望，通过对话、示范和互动，您能找到认可现在教师所做的方式并帮助他们将科技融入以学生为中心的学习活动。

可以考虑的活动……

- 把您在本章中读到的有关科技推广的信息（如，CBAM 中的关注阶段）与全体教师分享并讨论他们现在科技应用得如何，要把科技融入教学，他们下一步该怎么走。
- 您也可以使用罗杰斯（2003）提到的创新者类型（创新者、早期接受者、早期大众、晚期大众、迟滞者）来决定你们的教师队伍中谁准备好来领导其他人应用本书中的部分网络 2.0 工具。
- 让一位精通科技的教师在教职员会议上为其他教师上一节示范课。或者，您或科技协调员可以主动为正在努力融合科技的班级或部门上一节示范课。
- 另一种好的评价科技课堂的工具可以在科技教学网站找到：http://128.148.108.120/media/bpinter/1163/elements.html。
- 把科技融入教学方案来设计课程内容单元，对于提出这种合作新方案的教育组要给予激励。那就给他们提供一个展示和讨论自己想法的机会。
- 您的教师评价技巧管用吗？读读这篇文章《让教师评价起作用》（*Making Teacher Evaluations Work*）来找到指向新方向的思想和指导：http://www.

educationworld.com/a_admin/admin/admin224.shtml。
- 每周都值得一看的资源就是《教育世界：学校管理者频道》(*Education World:School Administrators Channel*)——这里有文章、链接和与您有类似问题的链接：http://www.educationworld.com/a_admin/。
- 我们还推荐您阅读：

☆ Borthwick, A. & Pierson, M.（2008）.*Transforming Classroom Practice: Professional Development Strategies.* Eugene, OR: International Society for Technology in Education.

☆ Hall, D.（2008）. *The Technology Director's Guide to Leadership.* Eugene, OR: International Society for Technology in Education.

☆ Nelson, K.（2007）. *Teaching in the Digital Age: Using the Internet to Increase Student Engagement and Understanding*（2nd ed.）. Thousand Oaks, CA: Corwin.

☆ Schamberg, C.（2007）. *English Language Arts Units for Grades* 9—12. Eugene, OR: International Society for Technology in Education.

Thombs, M., Gillis, M., & Canestrari, A.（2008）. *Using WebQuests in the Social Studies Classroom: A Culturally Responsive Approach.* Thousand Oaks, CA: Corwin.

第四章
知识共同体内的新角色 ①

艾伦·诺旺博

本章导航

- 教师是数字移民。
- 反向导师制。
- 向您所在学校提供帮助和支持：
  分享权利；
  匿名评论者；
  与家长合作；
  电子科技冒险。
- 知识社区的标杆管理教育实践。
- 改变控制。
- 真正的问题。
- 提出期盼——学生是知识的生产者：
  柯琳的故事：柯琳的卫生健康数据库计划。
- 倡导学生自己对学习负责：
  电子科技尝试：联系国会。
- 控制恐惧。
- 专业成长机会。

---

① 本章复印自：Alan Novernker. *Empowering Students With Technology, Second Edition*. Thousand Oaks，CA：Corwin. www. Corwin. com。

教师是数字移民

在移民家庭中，孩子经常比大人先学会新文化——语言、音乐和俚语。这并不是因为孩子更聪明，而是他们需要放弃的很少。他们更乐意、更想学，因为他们在学校不断接触同龄人，他们很想融入自己的同龄人中去。而教师在很多方面都像数字移民①，他们在这个科技世界并不是原住民。我们的学生，尤其是小学生，则更像是数字移民的第二代，他们不需要丢弃什么。他们把科技看成是一个简单的玩物，而成人却把它看成一大难事。我曾在我的地盘——学校里感受过这种数字移民的滋味，移民也需要求生。

创造性地应用科技的真正瓶颈就是工作人员素质的提升。如今有许多令人振奋的科技——网页设计、数字视频编辑、展示工具、探测、根据需要改变内容的工具，这么多的工具教师们没有时间都学会。现实一点，实现从孤立课堂到互联课堂的转变，我们就得放弃传统策略。我认为首先要放弃的就是这种教师必须先于学生学会新技巧的思想。学生们科技技巧学习得快，又乐于在科技上助人，对于这些，如果我们不加以利用就太傻了。伊夫（他的故事曾在前言中谈到了）和我之间的关系就很好地说明了这一点。

他突然进入微机室后，我就让他教我他所知道的编程知识。我现在还记得当时感到编程就像是数学和某种外语的混合物，对于我来说很难，但它又不像我所见过的任何一类数学。幸运的是，伊夫很有耐心并喜欢做我的老师。他把编程变得有趣而易懂，他教我如何制定策略检查我自己的进步。我原先认为的费力枯燥的学习变成了一次学习冒险。我真的可以控制电脑了！这对我来说是对传统师生关系的一个颠覆，这也是许多角色转变的开始。我变成了学生，而我的学生是我的老师。

---

① 指因为出生较早，在面对数字科技、数字文化时，必须经历并不顺畅且较为艰难的学习过程者。他们好像现实世界中新到的人，必须想出各种办法来适应面前的崭新数字化环境。

反向导师制[1]

教师不需要拥有许多科技技巧。教师需要具备的就是对教室中科技使用的控制能力，而不需要知道这些科技细节。管理学生智囊团是教师最重要的生存技巧。例如，如今若要求或期待每位教师都学会设计自己的网页是不现实的，但让班里的学生学习制作网页却是可行的、耗费很低的。当教师请学生帮忙建设世界一流的网页时，有多少五年级的学生会举手呢？教师应该继续担当班级网页资料的发行者和总编辑角色。这一角色就是知道出版什么、什么时候出版及如何帮助学生理解来自世界各地的反馈。当然了，向学生求助是某些教师需要不断练习或重新学习的技巧。

建设班级网页

- 教师担当发行者和总编辑角色。
- 教师应该练习接受反向导师制。
- 需要知道的基本技巧有：
  出版什么；
  什么时候出版；
  如何帮助学生理解反馈。
- 教师应该允许学生在某种程度上管理自己的学习。

为了实践反向导师制，你可以找到能当你导师的两三名学生。让学生教你他们在网上做的事情，尤其是他们在家上网时做的事情。如果学生喜欢某种数字技巧，如视频编辑、网页设计或图片处理，那就让他们给你上一节介绍课。学生常常是在校外学会这些技巧的，这使得教师更能理解科技对学生学习动机的影响。事实上，不要畏惧学习这些技巧，知道学生能用这些技巧为班级活动做些什么贡献也很重要。例如，一旦你知道学生做视频剪辑十分容易，你就可以让学生选择上交视频记录作业而不用再交论文。

---

[1] 即让新人给老人做导师，目的是让新人把最新的时代理念、技术发展等带给老人。

随着更多科技走进课堂，教师面临放弃传统的教学模式，这是一个挑战也是一个机遇。我发现我给学生（某种程度上）管理自己学习的权限越大，学生学习得就越好。科技不是教师实践反向导师制的必要东西，但它是一种强大的催化剂，可以把当下流行的教学模式重塑成更好的、更适应当今环境的教学模式。

在自己的地盘内提供支持

在传统课堂背景下，教师经常觉得自己在工作日内与同事及自己的社区隔绝。在很多方面，教学是一份孤立的工作。虽然在专业领域内教师有着无限的知识和智慧，但有时使用这些知识和智慧却很难。经常出现的一种情况是，同一楼内的教师察觉不到彼此的特长和见识。

数字世界带来的压力和潜力，导致这种隔绝的环境已经开始改变。校外，通过新方式连接起来的知识世界不断要求在许多领域中的工作者变得更加灵活。拥有知识已不再够用，合作和分享知识才是人们高度重视的技巧。这种对合作的期待最终会进入教育行业。人们将会根据教师的分享知识和解决教与学问题（单个教师不能解决这些）的能力来评价教师。例如，随着频宽的增加，视频直播成为可能，教师就如同在自己教室里播放视频一样，来和其他教育者共享自己的最佳教育实践。

分享权利

随着网上学习的井喷式发展，越来越多的教师建立自己的网站来支持教学，同时家庭也可以了解更多有关自己孩子学习进展的信息，分享权利就变得更实际和必要。每位教师的优秀观点都可以公布出来，以便其他教师学习，反过来他们的学生也能从中受益。如果我们期望学生对全球观众发表自己的观点，教师有必要学着这样做。

学校的组织形式是按照工业时代的高度控制和精密分工模型设计的，这在过去曾经讲得通。这种学校组织形式充满着如系别和年级这样的界限，这种界限阻碍思想的交流和革新的发生。校领导的职责就是确保思想和革新穿过这些界限。

品质运动的倡导者爱德华兹·戴明（C.Edwards Deming）曾教导我们，领导者能帮助同事适应革新的首要做法就是在同事们的现行范式中尊重他们（Rinehart，1993）。我们需要尊重教师的知识和智慧，你不会找到比教师更谦恭的职业。现在是称赞所有教师的杰出教学的时候，所有学校都可以利用网络分享那些代表教师经验的好故事，在由教育中的先进学习科技联盟建立的一个很好的网站（www.4teachers.org）上，教师们可以分享自己的可行观点，还可以找到用科技增强学习的思路。

此外，在世界及美国的多个学区，教师有机会使用手提电脑和其他手提设备，这些既可以在家也可以在学校使用。给教师们一个与同事分享自己的可行观点的机会——通过电子邮件、博客、维基网和视频会议。

匿名评论者

一个最强大、最有帮助的网上社团关系就是远方匿名评论者。来自内布拉斯加州的奥罗拉高中的凯利·英吉利（Kathie English）和南希·霍森（Nancy Hoatson）将他们的学生和编辑人员在网上联系起来，他们认识到加大学生和匿名评论者的联系是学生提高写作的强大动力。英吉利和霍森在 www.4teachers.org 这个网站上解释说：

（在线）论坛激励学生写得更多，激励他们的评论者更坦率地评论。每一篇文章都会根据文章本身的优缺点进行评论而不考虑作者的地位：经济、社会或学术地位。因为这种匿名性，作者（学生）不能把批判归咎于外界原因，因此他们会留心评论者的建议，结果他们就会提高自己的写作。评论者也喜欢这种距离感并倾向于给出比面对面批阅更坦率的评论。

英吉利和霍森把编辑的工作和作者的工具放到一起进行点评，同样任意两位教师都可以组成评价伙伴。当一位教师批阅另一班的作业时，这对调动学生积极性和提高作业水平有积极作用。面对面教师的角色可以从裁判员转变为学生的倡导者，以帮助学生理解外界的评论。当学生不再担心来自自己的教师的不公正评判时，学生就勇于冒险犯错误并乐意接受批判。

此外，教师分享批阅学生作业的观点，对专业提升也很有意义。如果教师和别人互换批阅作业，对方教师的点评肯定会让这个组对知识认识得更深刻。随着这种合作关系的进行，工作人员自身素质的提升成为自然而然的事。

国际上一位英国教师和一个日本教师的结组为教师怎样在互判学生作业的同时分享知识提供了范例。在此例中，一位英国教师需要有人来帮忙批阅她的学生的日本俳句作业。这位教师就在互联网上搜索了一位在日本同样教授俳句的教师。当批阅从日本回到英国教师的手中时，她感到既吃惊又受启发。"俳句是被赋予生命形式的哲学，"这位日本教师点评道，"诗中的意象非常重要，它必须和里面的哲学一致。你的学生所用的一些意象不符合俳句形式。"这位英国教师在一所知名高中教授俳句多年，但互换学生的作业还是让她加深了对这门学科的认识。

与家长合作

一个明显的教师辅助资源就是家长或监护人。人们已经对家庭在学习过程中的作用进行了深入研究，促进家庭和学校合作的一个强大科技就是视频。许多学校利用视频形式和身在家里的家长一起分享学生的作业。小学生表达思想、与他人交流时使用录影机比使用铅笔更适合他们的发展，这与流行的想法相反。许多父母会舒服地坐在家里看自己孩子的视频，和祖父母一起欣赏孩子的磁带或光盘是常事，并且还会反复看。这种科技可以为教师提供强大的工具来和家长分享或表扬学生表现，并使家长深入了解学生是如何学的。有些时候，家长还会送来带有他们评论内容的录像。这种媒体可以增加交流和理解的水平，这是书面作业所不能提供的。家庭 VCR 或 DVD 播放机和彩色电视是简单易用的科技。他们随时可用，既简单又不贵，这也许是最快最易于提高学习的方式。不过，传统上学校和家庭之间并没有建立较强的合作关系。

电子科技冒险：恐龙纪录片

目　的

允许在小学或更高年级学生内部或小学生与高中生之间进行创作、表达和联系。

调　查

1. 利用网络、对专家的采访打印材料、野外观察，学生为一部恐龙纪录片撰写一个剧本。
2. 幼儿园、一年级和二年级小学生需要成人的帮助来用象征符号、简笔画或文字把剧本写在为无阅读能力的人准备的提示卡上。
3. 学生用数码录像机拍摄这一项目。学生作为电影摄影师要确保设备的正确运行和合理使用。

展　示

1. 影片可以在空房子里或晚间上课时放映，也可以做成 JPEG 格式的文档放在班级、学校或学区的网站上供人观看。
2. 教师可以组织一个网上电影节，在网上这些影片由来自国内外其他地方的人观看并点评。

选择方式

1. 这项科技对小学生来说容易使用，对大学生来说也同样好用。他们可以创建自己的有关溪流的监控或其他生态项目的纪录片，或有关无家可归人员、教育、自愿服务、"……生命中的一天"，或其他合适题材的纪录片。
2. 学生可以把小说改编成影片。
3. 学习外语的高年级学生，可以为小学的影片项目做翻译，为这些影片写字幕。这些影片将会播放给外国人看。
4. 可以让学生为某位或大家一起写的小说编写剧本。

知识社区的标杆[①] 管理教育实践

在最近与高中生的谈话中，他们表达出了明确的愿望——他们的教师应该了解校外的世界。知道了这一点，教师也许会考虑阅读教育话题之外的文章来

[①] 原指企业中系统而完整的学习卓越公司的过程。

追踪科技社会的发展。了解外面世界的一个间接途径就是阅读为外面世界的读者所编写的阅读资料，像《快速公司》《红鲱鱼》这样的杂志里就满是有关打造数字经济的真人故事，还有许多机构组织重构的潮流。

> **商业技术资源**
>
> - 《快速公司》
>   www.fastcompany.com
> - 《红鲱鱼》
>   www.redherring.com

另一种与其他企业进行标杆学习不同的途径也许更会扩大人们的视野：和某位在某个行业工作的人待上一段时间，如像依靠科技而生存的银行业、医药业、印刷业和农业。观察工作中的一个朋友或学生家长会给你更加直接的信息（参见"工作现场观察问题"中可以提的问题）。

> **工作现场观察问题**
>
> - 使用了什么科技？
> - 这个行业离开科技可以运转吗？
> - 管理这个行业需要什么信息资源？
> - 行业中的部分工作需要网络吗？
> - 人们怎样一起合作？
> - 工作质量怎样评定？
> - 行业中的基本技巧是什么？
> - 科技可以为新关系、服务或市场创造机会吗？
> - 上述技巧中哪些我们可以在学校里教授以帮助学生为这样的工作做好准备？
> - 有没有学校组织可以采纳的相应领导技巧以提高工作质量？
> - 有没有学生可以尽力解决的特殊问题？

转变控制

带着这些从标杆学习中得来的新知识,我设计了一节课。这节课上不教大纲上的内容——目前被视为异端邪说——而是要强调新工具和解决问题。在上新课的第一天,我大胆向学生宣布课程内要解决的问题由他们自己来想。我的任务就是教他们如何应用科技工具,并帮他们找出和确定问题的解决方案。我简要介绍完之后,兴冲冲地邀请学生和大家分享他们要解决的世界问题。没人动,没人举手,仿佛我刚才说那些话是要求他们保持安静了一样。最后,有了一点动静。前排的一位女学生向我解释了学生认为的正确的师生角色。"诺旺博老师,您是教师,我们是学生。你应该给我们提问题。让我们给您提问题不行。"这三句话简单明了地为高中师生关系下了一个定义:教师教,学生被教。

我刚才的要求与现行的教学文化相反。现在回想起来,我的要求真是幼稚。虽然应该给学生提供解决有意义的实际问题的机会,但也不该让他们放任自流,不帮他们定义问题并确定解决的步骤。如果学校限定学生,让他们只能把教师看成全权管理学习的人,那么期待学生自觉解决问题就不合理。如果我们期待学生在课内外都解决实际问题,我们就必须把学习的责任转到学生身上。也许重新定义和忘却传统教师与学生职责很难,转变谁掌握问题的过程却可以最大限度增强学生学习动力,使他们更全心投入学习。把掌控学习的权利从教师转到学生身上需要一段时间才能起步、才能为大家接受。

伊利诺斯州迪尔菲尔德中学的女教师泰勒(Taylor)就实现了权利的转移。泰勒教授社会学,她想让她的学生深入了解全球化中的问题。在过去,她的学生就会读文章、写报告(有些用网上的搜索引擎查找所有需要的信息之后再转述所学的内容)。今年,她的学生用网络电话 Skype 联系了一位在芝加哥工作的工人,这位工人的工作刚被外包抢走。之后她又安排学生采访了一位在美国失业又新得到了一份工作的中国人。这样,她的学生对全球化问题的理解就超过了字面的描述而更加深刻。她的学生开始更加投入地设计各种问题,掌握全球化的真正含义，弄清全球化给地球两端的人们带来的东西，这项活动的另外收获就是上述对话被录了下来并发布到班级博客中。在英国研究全球化的学生和教师就听了这些对话并从中受益。

通过这样让学生与全球伙伴合作，教师通过教他们如何找到自己问题的答案来授权给学生。随着学生成长，教师可以教学生为真正的客户作高质量的调查。同时，我们可以把这些真实的经验连接起来以使学习标准变得真实而让人兴奋。

真实问题

教师在课堂中解决真实问题的新角色就是帮助学生去发现问题，提供资源，并及时提问让学生提高和拓展思考。教师需要根据学生的输入辨别出框架的问题，之后建立指导方针帮助学生确定并解决问题。没有人类的输入，各种形式、各种层次的科技不能解决任何问题。科技可以提供几种功能的途径（见下图框）。

科技可以做什么

- 简化计算——计算器和电子数据表；
- 存取信息——网络和与专家的电子通讯；
- 产生数据记录——探测器和电子记事本；
- 展示发现——展示软件和网站；
- 进行远距离人对人连接——电话、电报、电子邮件、电视会议、网络电话。

当那些在现实世界中使用的科技工具被交到学生手中时，这些学生会更好地把自己看成解决问题的人，并且会更好更充分地把他们解决问题的能力传递给世界这个大社区。给学生使用强大机器的机会，学生们就可以接触到那些平常接触不到的各种问题。那些为世界做贡献的学生项目数量正在扩展和增长，例如，纽约市学习生物的学生延长了供应血浆的寿命，旧金山的一名学生把系统思考和微积分应用到设计购物中心上，俄克拉荷马州的名为雷德·罗克（Red

Rock）的学生数字记录了美国西南部印第安人的歌曲等。但科技并没有取代教师的重要性，而是把教师的职责扩展为激励学生超越教师的期盼。证明教师的重要性的高级形式之一就是让学生利用课堂所学为世界作贡献。

在每一门科目内都存在着真实问题，每年找出一个学生可以帮助解决的真实问题，那些从学生对真实问题进行的调查和行动中收益的人可被称作客户。教授学生最重要的技巧之一就是该怎样进行初次客户接见。许多学生期待作为成人的客户会确切知道在项目中应该有什么，可事实通常不是这样。学生必须准备好一套核心问题与客户商讨，引导客户对项目有一个符合实际的期望，对项目轮廓有一个清晰的认识（见下图框），把潜在客户邀请进教室中和学生探讨会更好。

接见客户中的问题

- 目前的项目是什么或要解决的问题是什么？
- 参与者是谁，他们各自的角色是什么？
- 谁能帮助解决问题？
- 这个项目有哪些可用的信息资源？
- 其他人曾尝试过解决这个问题吗？
- 项目的最后要有固定格式（数据库、网页、展示）？
- 怎样评价这个项目是否成功？

教师可以利用家长会的机会让家长提出与课程相关的真实问题并阐述标准。例如，一位身为警官的家长为代数1班的学生提供了一个警察通报真实车祸的样板。学生们测量了路上的刹车痕迹，并用代数方程测算了车速。全班用车祸现场中的原始数据写了一份警察报告，并用电子邮件上交到警察长官手中供其查看。你认为高中新生们知道自己的作业会被警察查看时会产生多大的学习动力呢？

提出期望：学生是知识的生产者

在创造、管理自己的学习上，学生们要学会承担责任；教师则要对学生的学习成果提出期望。不断涌现的新科技可以从根本上改变现行的对许多学生的（低）期望值。例如，计算机实验室和探测仪可以产生真正的反馈，就图像形式而言，事情好像真的发生过一样。这表明科技可以使学生在能学什么上更上一层楼。像协和联盟的卡洛琳·施托德（Carolyn Staudt, http://www.concord.org）这样的教育者现在意识到了，我们可以教中学生在日常生活中应用代数原理，教四、五年级的孩子观察变化率，教二年级的孩子用数据记录探索传导换热模型。好好利用科技的主要障碍之一就是许多人对学生成功的期望值太低，这在主要教具是纸张、粉笔的年代就固定了下来。纸张是非常强大的媒介，但它不是动态的，不提供声音、动画、实时反馈和不断扩大全球联系的能力。强大的机器设备允许更加动态地教学，并且可能最棒的是，它们使得学生能够以一种非传统、非线性地方式展示他们所学，这更接近他们在成人世界要成功所必备的技巧。

例如，为了解决现实问题——年轻人愿意做什么？一位名叫柯琳（Colleen）的学生就叫我扩大对这些年轻人的期望值——尤其是当解决方案是为社区做贡献的时候。此处的顾客是社会服务机构和个别残疾人。

柯琳的故事

> **柯琳的健康保健数据项目**
>
> 柯琳来上我的课时，她已是躲避学校作业的老手。我觉得她是一个懒惰的学生。后来，我得知她家里有残疾人，并且我还知道当地的一家社会服务机构需要有人帮忙组织对社区残疾人的服务。我邀请一位义工来到课堂展示这个组织的真实问题。他们的问题就是如何为残疾群体提供了解信息的机会。虽然这个区有许多残疾人可用的服务，他们对这些服务的认识却有限。很显然，这个问题感染了柯琳并激发她努力工作，这是前所未有的。在当地一家机构的指引下，柯琳决定创建一个数据库，为全波士顿地区的残疾人列出所有可用的娱乐服务。

柯琳的项目做得越来越大，以至于她不得不请朋友义务帮忙。现在，放学后，总有没上过这门课的学生来微机室，他们想学习如何利用数据库来建立上述的知识库。项目最后囊括了马萨诸塞州的近100家服务机构的服务。

柯琳有资格为自己的成就骄傲。最后，她的工作得到了一个专业健康保健组的认可，他们还提出要付钱给她让她把工作做大。她被请去培训成年人来扩大她的数据表。她拒绝了报酬，因为对她来说，重要的是她的工作。她礼貌地解释说这就是她的项目，一开始她就没想用项目赚钱。暑期，她主动来到学校继续她的工作。在学年之初我绝对没有想到她会这么投入地解决问题，我得调整对学生学习动机的理解了。当管理工作的权利被交到学生手里时，对学生的期待也要相应拔高。

柯琳还使我懂得那些被称为失败者的学生也可以有毅力去确定一个复杂的问题，并坚持不懈地解决问题——即使设计参数在不断变化。柯琳虽然从没在我课堂的书面测试中获得好成绩，她却全身心地投入到了创建数据库这样现实而重要的工作中去。有了这次经历，柯琳变成了一个完全不同的人，她学习更积极并且也乐于来校上学了。

倡导学生自己对学习负责

如柯琳的故事所示，学生们在确认问题时进行分享是很重要的。学生应该觉得问题归属于他们自己，而不是把它看成是教师给的作业。教师当然可以帮助学生提一个问题，并确定要用的资源和工具。表 4.1 表明教师可以如何帮助学生获得必要的技巧以应对真实世界中问题的考验。

表 4.1 处理真实问题的技巧

需要的技巧	教师的帮助
交流	对角色表演进行录像以便自我评价和同伴评价。练习用书面语进行交流和分析。
自信	接触来自外界评论者的反馈（学生、教师、客户），通过让学生明白自己的工作得到全球潜在观众怎样的评价来拓展自我认知。
批判思维	教给学生互联网的基本规则及批判思维策略，这在他们搜索、询问的时候是必要的。

续表

需要的技巧	教师的帮助
理解数据	提供互动活动和相关活动让学生自己搜集数据、评价、展示,从个人数字助理PDA、探测器和大规模学生主导的调查中得出结论。
合 作	讲授如组织、给组员分配任务这样的项目管理技巧。合作对于我们新出现的知识世界是必要的技巧。大的项目,如柯琳的数据库需要不同的技巧,包括从平面设计、与客户沟通到数据库编程等。
组 织	通过对项目管理提出现实的期望来提供指导,这些期望包括对项目的详细描述、时间明细表、工作描述、组内交流。这样就可以对新的、不断演变的项目管理提供帮助。

如柯琳故事所示,可以利用学生感兴趣的领域促进学生全心投入学习。由于她个人的经历,她对残疾人的事情很感兴趣。同理,用学生感兴趣的媒介更增加了学生的积极性,录像就是一个好的例子。在学生的研究过程中,给他们录像机或录音机这样的设备,你会发现学生能做出让人惊叹的事情来。当学生为他们研究的环境问题录制视频,或对采访受环境困扰的人进行录音时,这都会使参与这个项目的人兴奋,并且在此研究过程中,他们所学到的有关真实世界的技巧也在增加。

柯琳创建数据库的经历不仅使她成为好学生,还帮她为社会做贡献。当给予机会,学生们不论年龄,都有无限的能力为他们的社区做贡献。把学生与有问题要解决的真实客户联系在一起是交流科技的最好用处之一。在美国威斯康星州麦迪逊市和明尼苏达州的圣路易斯帕克学校,四年级的学生用网络探索他们的社区,并为他们的州议员编辑数据更新资料。这些学生不仅仅是在参与像学习州政府运转这样的教育规定的活动,他们还在直接作为市民参与州政府管理。柯琳的故事就是创建促进学生承担学习责任的学习环境蓝图(见"促进责任意识")。

促进责任意识

- 鼓励并期待学生建设自己的知识。
- 允许学生在工作时使用自己喜欢的媒介。
- 选择那些结构模糊且有多个答案的真实问题。
- 让学生为社区和全世界作贡献。
- 让学生设计一个小组方案。
- 教师担任合作者的角色。
- 公布学生调查的结果。
- 把解决问题技巧和标准连接起来。

电子科技尝试：联系国会

目 的

通过接触真实问题和解决这些问题的渠道，帮助学生与真实世界发生联系。

调 查

通过检索托马斯立法信息（http://thomas.loc.gov）(这是议会图书馆的一项服务)，或仅仅通过阅读报纸，教师和/或学生可以找出有关国会表决的议案，这些议案可能会在将来影响到他们。

以小组为单位，学生写一封信寄给他们的众议员或参议员，询问这些人对悬而未决的法案持什么态度。

下面是可以搜索立法人员联系方式的网站：

- 美国众议院：www.house.gov;
- 美国参议院：www.senate.gov;
- 开放议会：www.opencongress.org。

在信中，学生应该提出帮助作实际调查的请求，并邀请他们亲自或通过视频会议来参观课堂。

学生们要经常查看这条法案的进展。可以查询从1994年到现在的：国会议事录 http://www.gpoaccess.gov/crecord/index.html。

展 示

学生们可以在班级网站上发布带有众议院和参议院链接的立法更新数据。

(续)

其他选择

上述模式也可以在当地试用。可以向当地市长、学校董事会主席、市或镇议会成员或州众议员咨询当地事件。

与立法者的联系

请访问立法者网页链接：http://alpha.musenet.org:81/community/call_stories/story_madison.html（威斯康星州麦迪逊市麦迪逊大都会校区创建），在此您可以读到华尔泽（Walser）老师所教的四年级某班的调查报告，这是写给参议员弗雷德·里瑟尔（Fred Risser）的。

威斯康星州的弗雷德·里瑟尔议员需要针对有关禁止自动售货机出售香烟的法案作一项基本调查。

这个项目所列技巧令人印象深刻：写作、网络查询、社区采访和绘图。

最棒的是，这些学生们懂得了他们可以直接参与社区的真正工作。

提供的材料论证了烟草有毒。

结果，参议员没有通过这项法案。即便如此，每一位说客都会告诉你虽然第一次尝试就失败了，但这是教政府机构如何运转的重要一课。

控制恐惧

正如在广大的商业世界里发生的事情一样，信息科技和交流科技使管理权发生巨大转变，使其从组织手里转到顾客手里。而在教育界，管理权将会从组织（学校或学区）转到客户（学习者和其家庭）。管理权的改变会带来恐惧和不安，这是很自然的事。任何变化都伴随着恐惧和不安，不管是好的还是坏的。但科技应用的广泛增加并不是产生恐惧的主要原因，虽然许多人可能这样认为。真正的恐惧源于人们对有意义的科技使用所带来的角色转变的犹豫。当然，改变给那些受到影响的人所带来的恐惧和害怕不应该被忽视，相反，他们应该直接面对它们，以使改变带来的潜能得到充分的发挥和实现。

一个很好的叫作"最坏的害怕/最好的希望"的讨论就能帮助所有教师在面对恐惧的同时获得希望。一个人或一组人列出最坏的恐惧，之后再列出最好的希望,可参照表 4.2。以小组为单位时,可以先讨论害怕。小组组长应该举例证明每一种害怕并讨论减少害怕的策略。如果可能,把像"丧失社交技巧"这样的害怕与像"我们现在可以把更多学生们和全世界的人们联系在一起"这样的希望连接起来,这样,就可以画出从害怕到希望的路线图了。那些连接起来的项目可以作为每年都反复看的文件以确保全体教师的担心不会变成现实。研究表明成年人会参加一个研讨会并在倾听讨论中找到对自己害怕的肯定。如果害怕被清晰地表达出来、被证实和讨论,成年人就可以处在一个有力的地位上,从而来学习新技巧。

表 4.2 最坏的害怕/最好的希望

最坏的害怕	<ul><li>体育运动减少;</li><li>要求不断增加满意度;</li><li>回复电子邮件快速会导致缺乏仔细思考;</li><li>混淆职业生活和私人生活的界限;</li><li>使用科技的费用升高;</li><li>个人电脑的使用会增强人们追求完美的期盼;</li><li>对科技使用上瘾;</li><li>不断强化有和没有;</li><li>破坏性黑客增加;</li><li>把压力和精神崩溃归结为信息超载;</li><li>越来越感觉到社交少或被孤立;</li><li>有大量不当材料可用使危险产生;</li><li>没有隐私并且丢失了个人身份;</li><li>失去了判断信息的能力,并且不断听从电脑;</li><li>缺少关爱、没有社区感;</li><li>电脑的使用可产生事实的丢失;</li><li>人际关系下降;</li><li>在一些小的享受中找不到快乐感;</li><li>家庭价值观消失,个人世界非人性化;</li><li>电脑可以控制人类;</li><li>跟不上信息和其他人。</li></ul>

续表

最好的希望	●我们的青春异化； ●其他人可能处在控制我们未来的地位； ●变得依赖科技； ●大学被淘汰； ●所有人都会学得更好、更快、更多； ●科技成为平衡器而不论社会地位和收入； ●人们工作效率更高并有更多休闲时光； ●增强对宏观、微观世界的探索； ●有更多机会赞扬学生与社区的杰出工作； ●教师分享想法与知识； ●家庭与孩子的学习联系更紧密； ●学生将会对世界各地的人增加了解； ●所有的人都可以使用昂贵的教育资料； ●学生有机会上自己社区之外的课程； ●我们的孩子们将会有更好的去国外旅行的机会； ●支持性社会； ●自适应技术将无所不能[①]； ●加速完成任务而失误最小； ●更大的生产力； ●节省时间； ●更多综合学习机会； ●交流增加； ●不再有苦力活。

---

① 自适应是指处理和分析过程中，根据处理数据的数据特征自动调整处理方法、处理顺序、处理参数、边界条件或约束条件，使其与所处理数据的统计分布特征、结构特征相适应，以取得最佳的处理效果。

专业成长机会

反 思

下面的问题是为了进一步在计划委员会、系部会议、学校董事会、在职准备会中进一步促进有关学习的讨论。回答这些问题不需要任何科技技巧或专门知识。每个问题之后都留有空白以便您现在从这儿就开始回答它们。请记住回答没有正确与错误之分。

- 哪种社团关系会有助于学生工作或增益教师的知识和技巧？

- 学区内的教师可以在分享工作的基础上建立新合作关系吗？

- 在学区之外，有可能培养潜在的合作关系吗？

- 教师和学生的新角色是什么？

- 在管理学习上，教师可以交给学生多少权利？

- 教师的新型合作关系是什么？

第二部分

科技课堂

第五章
了解年轻人和数字媒体①

杰西卡·帕克

如今的学生很可能每天都从事多种读写活动，内容从印刷字到电影到多模式的网页、视频游戏。他们生活在一个媒体无处不在的世界，每日平均与媒体接触近六个半小时。②他们是同时接触多个媒体的人，可以一边看电视一边发即时短信一边做作业。当玩视频游戏时，他们常常与别人结组玩，甚至专心致志于这些漫长而耗时的活动。他们在网上查询信息，在社交网站（myspace.com）上展示自我，用手机照相，之后再从多个媒体共享网站中选择一个更新自己的照片。通过使用电脑上的视频编辑软件，他们可以同时是演员、导演、编者和发行人。他们盼望教师引领自己在信息时代穿行，而不是"听写"那些机械问题的答案，这些答案谷歌几秒钟内就可以用多种载体形式，如文本、视频和数码照片显示出来。

对于教育者来说，学生象征着一种正在发生的变革。在这个变革中，新的媒体科技给人们提供了交流、学习和玩乐的新途径。《给精通科技的孩子上课：把数字媒体带进5—12年级的课堂》（*Teaching Tech-Savvy Kids: Bringing Digital Media Into the Classroom, Grades 5-12*）就讲述了这些新媒体科技是怎样改变并扩展着我们的读写能力活动的。这些读写能力活动在我们的日常交流活动中、非正式学习环境中和我们的休闲娱乐活动中。我们生活在一个既让人兴奋

---

① 本章复印自：Jessica K. Parker.*Teahing Tech-Savvy Kids: Bringing Digital Media Into the Classroom, Grades 5-12*. Thousand Oaks, CA: Corwin. www.corwin.com.
② 这个学生形象我是从德国皇室基金研究团体2005年的题为"M代：8—18岁少年生活中的媒体"的研究中得来的。在此可以下载相关资料：http://kff.org/entmedia/7251.cfm。

又让人头疼的时代，随着这个时代的时间和空间的概念转变，像可携带和互相关联这样的问题已很普遍和定型化，个人和公众的界限变得模糊（Burbules & Callister, 2000）。这些问题和上述学生的体验迫使教育者思考这样的问题：怎样看待校园外的变化？这些变化又怎样影响着校内的学习的？忽视这些问题不是答案，满足于表面的解决方式，如在教室里安装有线网或添加硬件也不算是有效的解决方法。当教育者讨论和分析出现的交流、学习及玩耍新模式时，我们不得不重新思考学校里长期以来的各种实践和关系。

教育者必须解决的问题

作为教育者，我们了解年轻人和数字媒体的一个目的之一就是把我们的讨论限定在学习、读写能力和知识周围，而不是仅仅关注于科技工具的融合和使用。出于这个原因，我觉得教育者需要问自己一些难题并共同讨论。

- 21世纪的学习是怎么样的？
- 读写能力在21世纪是什么样的？
- 21世纪的知识是什么样的？（或者在我们的媒介文化中，懂某种东西是什么意思？）

这是我们自己必须和同事、家长、学生一起深思、重新考虑和探索的三个问题。教学法、课程和考评是三个重要的哲学问题，也是教育的三个决定因素，但对于我们教育者来说，需要解决的最基本问题就是我们对学习、读写能力、知识及这三者之间关系的核心设想。正在发生的科技变革——还会如同在人类的整个历史中发生的那样继续变革下去——正在重构着我们的日常活动和关系。作为教师的我们必须理解这一现象，这样才能实现专业成长、继续建设我们的教育环境、继续帮助学生学习。本书将帮助您理解这些变化、帮助您采用这里的一些新媒体，并为您提供一些可行的途径来把这些问题融进您的教学。此外，本书还会有助于激发您对21世纪的学习、读写能力和知识的思考。

解决这三个问题将会考验我们作为教育者的各种能力：看透我们的培训，看透我们对科技的体验，看透为了创建学习环境而改变学校所带来的恐惧不安，看透基于最新、最有成果的对年轻人的调查而进行的干预。讨论21世纪的教育和教学很切题，因为我们的学校既不处在真空中，也不影响我们对未来生活的变革和环境免疫。历史上，美国的教育制度不易发生改变。如今行政人员和教师若要提供有竞争力的引人入胜的课堂，就得依靠如今正在发生的大规模科技变革。这不是为了使我们害怕，而是为了使我们更有动力。本书中的章节将搜集对年轻人和数字媒体的最新研究，并为教育者提供从专业和个人角度理解与探索二者关系的机会。如果我们还在依据旧的教育观念建立起来的学校里工作和教学，那么我们有能力从研究中学习，给自己提出难题并努力建设21世纪学生所应有的学习环境。

我知道这些问题没有简单的答案，本书的一个论点就是远离过时的学校观：仅有一种"正确"的答案或仅有一种"正确"的学习方式。我们必须把我们对学习和读写能力的理解转变为：

- 宽泛构思并且不易定义或标准化；
- 复杂但不是建立在不费力气的转换之上；
- 从社会和意识形态上进行构架，并且不仅仅是中性物体（Street, 1995）；
- 把学生在家或从青年文化中得到知识包括进来（Moll, Amanti, Neff, & Gonzalez, 1992）；
- 随时间改变而不限于一成不变的定义。

当我们转变对学习和读写能力的理解，把这些特征包括进来时，教育者就可以从关系的角度来看待新媒体，并避免对新媒体科技进行不是A就是B这样的讨论。

不幸的是，目前围绕年轻人和新媒体科技的讨论都是极端思想的产物。一种极端想法认为孩子使用数字媒体正在使一整代人变得愚钝，而另一种极端想法认为学校已经变得不相干，应该让学生自己在网上学习来代替学校。教育者不应该为了判断基于学校的学习比非正式学习好或坏而陷入这种两极分化的争辩中。这样的二分法不能让我们就新媒体进行对话；二分法只会容忍或谴责这样的学习体验。以有关 21 世纪的学习、读写能力和知识的本质和状态这三个难题开篇，可以为讨论、疑问、洞悉和改变打开更大的新空间。

新媒体是什么？

什么是新媒体或数字媒体？新媒体是一个涵盖性术语，它被用来描述 20 世纪晚期的科技及现在的新科技。它目前包括（但不仅限于）互联网、手机、互动电视、电脑游戏和虚拟世界。新媒体的"新"只是相对而言，收音机在 20 世纪初期是新事物，而在 21 世纪初期就成了老古董。随着新科技融进我们的日常生活，它们成了我们每天的体验，并随着时间的流逝而被人们逐渐定义为普通、平常——几乎成了看不见的科技，如作品、铅笔、纸和粉笔。

数字媒体中加上"数字"二字代表一种用二进制代码进行电子创作和传播的内容形式。数字媒体现在是新媒体的主要形式。由于用二进制代码表示，像数字视频或电子邮件这样的内容都可以被编辑、分享，甚至在某些情况下——如在虚拟世界形成互动。人们能够在社交网络和网站阅读或编辑内容就得归功于数字计算机。但我不想仅仅关注数字媒体的一长串清单，也不想关注科技定义。对于教育者来说重要的是专注新媒体科技是怎样融进我们的生活的。这包括我们的手机、手提电脑、苹果音乐播放器、电子游戏机甚至我们的数码录像机是怎样走进我们的生活的，怎样在我们发展人际关系、维持人际关系、确定社会地位和交流中发挥作用的。从这种关系角度（Burbules, & Callister, 2000），我们可以讨论学生对数字媒体的使用，如他们是怎样创造和分配媒体以及用强大的新方式对新媒体进行占用、再流通、归档和批注的（Jeckins, 2006）。通过讨论新媒体是怎样影响我们的生活的，教师可以渐渐领会在新媒体环境下的学习、读写能力和知识与传统的基于学校的那些经验有何不同。

但是新媒体和数字媒体这两个词并不表示所有媒体的应用领域都是新的。例如，学生看起来对用手机发短信很上瘾，但是写作并不是新媒介。新的是我们用手机给彼此写信，因为先前的手机一直限用于人们口头交流。在我成长的

20世纪80年代，手机是我在家用的东西。当我父母终于买了无绳电话时，我很开心，因为我可以舒服地在我自己的房间和朋友聊天了。但是无绳电话在我家制造了紧张，并且很多次引起我和父母之间的矛盾：当我把房门锁上，待在自己的屋里时，我父母就不太可能监控我和同龄人的对话及我用手机的时间和不写作业的时间。因此，新媒体可以影响交流活动和人际关系。现在有自己手机的孩子在年龄上趋于年轻化，并且他们总是带着手机（看上去总在发短信），虽然他们仍然在用语言和文字进行交流。

请不要认为这些短信不精细。事实上，它们恰恰相反。克里斯托·西姆斯（Christo Sims）是加州大学伯克利信息学院的准博士生。他研究了孩子们怎样在日常生活中使用如手机等即时通讯这样的科技，他还研究了短信中的大小写、拼写错误、内容方面的漫不经心其实是很有目的性的（"私人通信"，2007-12-12）。从教师角度来看，短信可能显得草率、粗心，看起来似乎学生不知怎样拼写或没有写出规范的句子，这里就是我们（成年人）错了。我们想用英语写作的标准来评价学生的短信。事实上，我们应该这样想：学生们交流的不是英语掌握的水平，而是有关自己的事情（Baron，2008）。

克里斯托·西姆斯（"私人通信"，2007-12-12）争辩说随意懒散的外表可以被看作试图探索社会联系又不很快地暴露出他们在结果上投入了多少感情的行为。他把年轻人的这样的书面交流和短信交流进行了对比。这两种交流都显得很有技巧，都表达得随便、轻松，就像许多年轻人说"没什么大不了"所表达的效果一样。对于年轻人来说，公开表示发展友谊关系是很令人害怕的。因此，年轻人就用这种轻松的外表来掩盖他们对友谊投入的程度，就这样他们渐渐摸清了对方的态度。他们通过给彼此写短信来相互了解，而短信里的内容则是精心安排的。记得我们年轻的时候建立新的友谊有很大的风险，如是否会被同伴接受？是否会受到公开的侮辱？是否会被详查？那些日子有可能变得非常可怕。因此今日的年轻人使用短信来慢慢进行对话，以便使可能的拒绝更加悄悄地进行。从本质上来说，懒散的短信可能是年轻人保护自己的方式。

表5.1 学生与新媒体	
	描　述
谜团	现在的学生应该被称为"看我"一代。他们自以为是、肤浅、自我陶醉。他们总是没有任何原因地待在网上，他们的行为让人费解。
事实	我们学生的表达形式已经不同于我们的孩童时代。我们一旦逐步理解学生们怎样使用数字媒体，他们的行为就会在我们的眼里变得非常熟悉。他们可能一直上网、发短信，但那是他们在积极努力促进社会认同，当然那也是为了维持他们的友谊。为了看到这种解释的现实版录像，那就去YouTube视频网站，并观看来自麦克阿瑟基金会的"孩子因为数字媒体而不同吗？"（Are Kids Different Because of Digital Media？）（http：//tiny.cc/teachtech_1_1）

在最基本的层面上，今天学生们的交流能力及社交能力看上去和我们的教育优势不一致，甚至还显得像是浪费时间、没有成果、假的学习。这些围绕学生交流活动的问题和担心是可以理解的。读了这本书之后，今天的青少年或许看起来不像失败者而更像典型的年轻人，喜欢交友、玩闹、开心、创建并增强自己的充满创造性的年轻人文化。随着如今的孩子逐渐有了自我认知和认同感，他们就在建立和维持与同伴的关系上投入更多。然而，他们维系关系的方式却和以往的几代人不一样。虽然这些交流方式让人感觉陌生和不快，但我们要记住一个要点：他们的交流方式通常都是建立在他们想如何向其他青少年展示自己的基础之上。

新媒体特征

我有幸成为一个研究项目的合作者，这个项目的名称为"'孩子'利用数字媒体的非正式学习：创新知识文化的民族志调查"，由约翰（John D.）和凯瑟琳·麦克阿瑟（Catherine T. Mac Arthur）基金会提供资金赞助，并由加州大学伯克利分校和南加州大学的研究者共同完成。此次项目的一个目标就是把现在有关学习和青年人的多媒体活动的研究交给课堂的教师和教育者去做。因此，这本书广泛借鉴了"孩子"利用数字媒体进行非正式学习的三年民族志，这代表着有关年轻人的新媒体实践调查的最新例证。我也借鉴了麦克阿瑟基金会的其他研究项目及在新媒体与学习的领域中的教育带头人所作的研究。因此，每章都包含着来自采访的故事和引文及各方面的书面材料。

从这个内容广泛的研究语料库中，可以明显看出新媒体环境培养并支持学习共同体这种参与性的共享文化，在这里年轻人贡献出他们的知识，同时在这种媒介活动中展现出强烈的创新意识。在这种新媒体环境中，年轻人常常在友谊驱动和兴趣驱动活动中投入很多，而友谊驱动和兴趣驱动活动的标准是基于伙伴的学习（Ito et al., 2008）。根据伊藤（Ito）等人所说，青年人的友谊驱动学习是建立在与朋友和同龄人每天协商的基础之上的（P9）。这些协商发生在以年龄为基础的朋友和同龄人之间，这些人可能来自学校、宗教团体、运动组织和其他当地活动团体。伊藤等人认为年轻人从这些当地友好组织开始加入联盟，发展伙伴友谊、浪漫关系，并把他们的生活反映到网上。因此学生在校的朋友和同龄人是学生添加到如 MySpace 和 Facebook 这样的社交网站的好友列表的主要来源。

根据作者们所说，兴趣驱动的活动把"特殊活动、兴趣，或适合某人的活动和边缘化活动放在最先位置"（Ito et al., 2008, P10）。因此，"友谊"不一定是这些同龄人网络形成的驱动力，某种特殊的兴趣才是驱动力。例如，数字影片的生成，在线角色扮演都是大受欢迎的兴趣，在这里，年轻人可以进行自我指导学习、发展网络友谊、加入联盟并获得认可。这些特殊兴趣是网络社会群体走到一起的动力（Ito et al., 2008）。

新媒体环境特征

学习共同体通常包括：
- 基于同伴关系的学习（Ito et al., 2008; Jenkins et al., 2006）；
- 合作；
- 创造；
- 兴趣驱动活动（Ito et al., 2008）；
- 友谊驱动活动（Ito et al., 2008）。

基于同龄人的学习是新媒体环境中的一个常见特征。在这些媒体环境中，同龄人的反馈和评论受到重视。虽然这些环境通常不正式并且不像基于学校的学习那样有组织，但共同参与的文化能促进培养归属感和认同感，这样年轻人就非常投入并致力于分享他们的创造和资源，同时为其他同龄人提供反馈和批判。在兴趣驱动的环境中，自发性的学习者能观察那些和自己兴趣相同的人所做的事情并和他们交流（Ito et al., 2008）。如此，年轻人可以学会技巧、得到别人对自己工作的认可、赢得专家的赞誉，并在共同兴趣之上进一步提升认同感。在友谊驱动环境下，年轻人能够学会在线互动的文化模式，同时在自己成长的路上获得有价值，有时甚至是痛苦的教训（Ito et al., 2008）。

新媒体环境的这些特性使得它们适合融进课堂，因为它们培养学生的积极性和以学生为中心的体验。虽然我有意在每一章讨论某一个媒介，但这些特征是把本书中的各章联系起来的主线，以便让人们对年轻人及他们的新媒体活动有个初步印象；在第二章，克里斯托·西姆斯重点描述了林妮——一个在家自学的年轻女孩——以及她在社交网站上的友谊驱动下的活动，这些活动使她和现在来自教堂和当地的朋友群保持联系；第三章中，帕特里夏·兰格（Patricia G. Lange）详细描述了温迪（Wendy）的故事，她利用自己对记录影片的兴趣参与对城市里的，如公园这样的设施的维护和利用；在另一章，帕斯科（C. J. Pascoe）记录了拉丽莎（Clarissa）的故事，她是一个热情的笔者和读者，于是她找到了一个网上社群在这里编写动人的虚幻故事并且从同龄人那里得到中肯的反馈。这些例子和这个领域研究中的其他故事表明，当给予年轻人机会在共享空间中追求自己的兴趣，并得到同龄人的支持和反馈时，他们渴望得到用创新方式表达自己的机会。

教育者们有机会以下列形式研究这种渴望：学习共同体、同龄人合作与反馈及基于兴趣的主题。我们的教室就可以成为这样的场所，在这里合作通过分享知识来体现，创造性通过生产知识和公开知识来体现，在这里，学生们被要求用可信的反馈和批判回应同龄人。为了把数字媒体的这些主要特征吸收进课堂，教师没有必要一定依赖最新、最贵的科技。基于学习共同体、同龄人合作与反馈，即使没有最新、最贵科技的帮助，建设教室环境也是可行的。教育者没有必要被这种要以前所未有的速度采用科技的需求压垮，相反应该这样认为：年轻人文化和它的新媒体活动是年轻人学习、发现、基于兴趣追求的理由，在这里，年轻人是自己教育的实施者。从这个优势来看，更容易找到把新媒体环境特性融进课堂和把科技融进课堂之间的平衡。

教师们可以从这本书中得到什么

克里斯托·西姆斯对年轻人和他们之间互发短信很有兴趣，不过，教师会怎样从这本书中受益呢？教师从关注数字媒体实践的书中会得到什么？答案如下。

首先，很不幸的是，学生在校内参与新媒体的程度与在校外是有差距的。如果说我们许多学生都在参与新形式的玩耍、新的网上社群、新的交流方式，那么教师理解这些科技特性就很重要。这本书将帮助你接受并转换这些与新媒体的新关系，同时把它们融进自己和专业的生活中，本书还会帮你缩小上述差距，帮你和你的学生讨论数字时代及其对我们生活方式的影响。

第二，如果我们能从某种角度理解学生的行为，我们作为教师的工作效率会得到大大提高。如果我们从学生那里见到的所有行为都被我们视为怪异而被学校所禁止，如手机和短信，那么我们就错过了许多接触学生和了解他们年轻人文化的机会。我在此并不是提议教师应该无条件接受年轻人的文化。相反，我是在提议自觉努力认同当今青年人的生活，这是良好教学的先决条件。

第三，我们如今生活在一个数字时代，在此，极客（geek）有新的联盟，并且极客的身份也有了新的含义。现在做极客是一件很酷的事。做极客就是"钻进某个主题或爱好"，伊藤等曾这样说。对于年轻人来说，从事兴趣驱动活动就是让自己投身于没有尽头的项目活动，这种项目活动耗时并且专注于在某一领域获得更多的知识和专门技术。这些基于兴趣的活动除了提供可以与同龄人互相支持和反馈的社会空间，还促进自我导向学习（Ito et al., 2008）。兴趣驱动活动为教育者提供年轻人是如何成为极客的例子，并且对于那些寻求运用各种方式调动学生积极性的教育者来说,这些见解是无价之宝。

第四,一位媒体教育者亨利·詹金斯(Henry Jenkins,2006),曾主张我们需要成年人来监督和引导青少年的媒体实践。他不是在提倡监视文化,相反,詹金斯认为在上网聊天和发表自己的录影时会有道德隐患,因此像教师这样的成年人可以在道德这片空白领地帮助青少年。此外,年轻人可以帮助成年人努力理解新媒体和参与式文化。因此在讨论新媒体环境时,有必要有一种跨时代的眼光。

一位教师的见解

在线对话帮助学生专心于文学
玛丽安·贝里(Mary Berry),英语教师

作为教育者,我们常常认为学生不断发短信、消息和电子邮件会使学生学习分心。但如果这种快速交流的方式被用来构建支持学习的对话又会怎样呢?大约五年前,我决定回应一个独立阅读现代小说的项目,即通过布置在线对话来做一个实验。之前的几年中,我一直在让我的高级文学与写作的学生写读后感,以便跟踪学生读书的进度。当12年级的学生阅读他们选择的小说时,他们会不断记下问题、预测、观察和思考。他们会从文章中摘抄好的段落并加以分析。有些日记质量很好,预测很得体,理解也很适度,但有时我怀疑学生用了替代材料来蒙混过关。虽然学生们在班里与读了相同书目的同学互换了日记,这些交换引起的对话不像和某人一同读书时产生的对话那样鲜活。一位日记写得差些的学生可能会通过阅读写得好的日记而学到东西,但当她课后自己开始重新读书时,她已经得到了足够的帮助能够更加自信地读小说吗?一个阅读有困难的读者,他的兴趣会持续多久?

我告诉学生欢迎他们自己结组(2~4人),不过我希望所有组都是男女搭配。我曾经读过一篇有关网络环境下男生之间和女生之间不同互动的小调查。这个小调查指出所有的男性群体不如女性群体和男女混合群体成功。我还希望学生扩展自己的同性朋友,把那些和自己没有合作过的同学包括进来。组一旦结好,每一个成员都应负责调查书评以便为小组推荐一本小说。项目的这一部分虽然耗时,却让学生讨论了他们喜欢什么书,为了找出受人欢迎的当代小说,他们搜索各种媒体,这使他熟悉了搜索的过程。学生们最终选定小说,并制订了阅读计划,这将使他们达到在某一学期内读完该书的目标。

读完规定页数后,他们选择或者用电子邮件彼此发送读后感或用即时通讯IM或

(续)

聊天室在网上讨论他们的阅读。我要求所有的组这样交流至少四次，并把他们的交流文本提交给我。我之后就读这些文本并给出能引发他们进一步思考和分析的评论，再用几节课的时间讨论我给出的评论和网上会话中的讨论。

十个组中有七个选择即时通讯作为他们的主要回应方式。这些人的对话文本通常比那些用电子邮件的组长。在几个例子中，即时通讯的学生能够以分钟为单位来记录他们的交流，此时，我发现有好几个组一次交流时间长达一个小时。选择即时通信的学生上交的文本显示出他们交流活跃，虽然有时有题外话，但大多都和作业有关，学生大部分都在正轨。

从那些使用即时通讯的学生那里，可以很容易看出一个学生的思想怎样影响了另一位学生的思想：交流活跃，有时是对抗性的，有时是反复无常的，中间还夹杂着这样的字眼"LOL"（大笑，laugh out loud）。电子邮件形式的反馈则更加审慎。学生常常有针对性地回应对方的观点，使交流带有对话的特色。然而有一个缺点就是第一个发信人的内容似乎促使对方仅对他提到的问题发表看法。虽然用电子邮件的学生参考了他们所读小说的具体部分，这种段落式的回复格式要求学生呈现一个角色、事件或描写，因此这种日记不能反映出阅读问题和错误理解。即时通讯的对话文本结构就不一样，在此屏幕成了学生可以自由说或写的空间；在此他们自由探讨对文章的理解。电子邮件的反馈就像读者之间短的书信，而即时通讯的反馈则像口头交流。

电子邮件的文本读起来像为了成绩而上交的作业，而即时通讯对话的文本体现出阅读是在一段时间内逐渐的社会化过程。我注意到了学生在使用媒体中的许多有趣特征。首先，关系不密切的学生之间交流起来也显得很自然，他们的文本显示出他们交流得很活跃也很快乐。其次，学生在编写对话的过程中揭示出他们对所读书目的理解和问题。最后，他们从最底层的理解——对主角的性格分析，过渡到读者的个人感受，再过渡到对小说核心问题的抽象的、复杂的理解。

在所有的网上对话中，学生互相补充彼此的理解，又轮流引领深入思考。他们一起实现了共享探究的过程，这就像我们在英语课堂所做的那样，它是一种通过所读小说和对彼此理解的反馈来调节的螺旋上升的活动。即时通讯的用途和限制决定了他们彼此交流的方式。即时通讯发生在亲密的虚拟空间中，这使得学生有机会展示出在教室环境中很少见到的学习方面。文本显示出这些学生积极理解有关读、写的共享经验。

教师应该研究网上交流的可行用法，而不是对它们加以否定。在过去五年间，我一直在推进这项研究，有时为了找出它怎样才能对某一小组有特别最好的效果，我也

> （续）
>
> 对这个项目进行修改。这个即时通讯方案一开始设计时就没有考虑文学分析，为了成功利用即时通讯来讨论文本，学生有时要灵活掌握这个方案的规则，他们要放慢交流的速度以让对方完成思考。结果表明，这种显著支持学习的交流过程不仅与众不同而且还有效。我们有必要鼓励学生，学生也有必要鼓励自己用他们自己喜欢用的工具进行思考。
>
> **考虑的问题：**
> - 虽然这个项目专注于文学作品，但任何长度的作品都可以代替小说在网络对话中被使用。学生们感激组员帮忙在阅读截止日期前完成任务。一位学生告诉我："我坚持读下来了，因为我不想让组员失望。"
> - 学生可以经常提议用什么方式在网上交流。谷歌和脸谱网（facebook.com）都提供免费的组成合作群体的工具。
> - 教师可以依靠即时通讯形成自由讨论和直接讨论（教师提供导读问题）形式。这样使合作学习在教室外延续的虚拟空间就创建好了。

本书的写作目的就是给教师提供机会，让他们接触有关孩子们在日常生活中如何使用数字媒体的最新研究，讨论怎样才能把数字媒体和课堂活动联系起来，给教师一个空间并开始一个漫长而引人入胜的讨论，即把新媒体引进第二课堂。本书的目的不是让教师把"剪切—粘贴"式的活动融进课堂，而是真正地努力面对重大的科技变化、交流变化。这些变化深深影响学生在校怎么学和学什么。

教室里的教师们可能会说："那就告诉我怎样把这些科技和课堂交织在一起吧。我没时间分析和理解科技与交流的变化。"这就是问题所在。我们的所作所为就仿佛这些科技是提高教学的中性的、可有可无的工具，而事实上，这些工具正在被当作社会文化形态使用，并且和更广大的文化背景相连（Buckingham, 2007）。巴金汉姆主张数字媒体应该：

> 提供传播知识的新途径、描述世界的新途径、交流的新途径……在大多数教育上使用这种媒体的问题就是它们依然被看成仅仅是传播信息的工具——实

际上，被看成了中性工具或"教具"。（P145）

因此，我们希望这本书的读者们不仅仅是在寻找可以插入课程的教学活动或者寻找帮助教学的新工具，它不像引入科技就会引导学生学习那样简单。相反，我希望教师们能够致力于理解年轻人参与新媒体和用新媒体学习的许多方式，同时还要理解新媒体正在从本质上改变着我们对学习、读写能力、知识的理解。

第六章
低技术环境下的"低"社交①

威廉·吉斯特

> 有些教师工作的学校里科技因素很少,而有些教师工作的学校里有很多科技设备;可是,或是因为太忙而没时间学习新东西,或是因为恐惧新技术,他们并不利用这些科技。本章描述了我改编的可以应用于低技术环境的活动,这些活动帮助学生探讨了一些可以在任何教室适用的基础性问题,但这些问题都和学生的网上或网外社交有关。

我首先要坦白一件事:当我编写我的第一本书(一本有关新型读写教师的简介)的时候,我当时并没有"付诸行动"。在我的学者生涯中,我一直在尝试成为多模态识读②的倡导者(Kist, 2000, 2003, 2005)。我曾在行政岗位多年,但当后来我在一所大学又一次开始自己真正教授学生的职业生涯时,我发现自己远远不止是一名多模态识读教师。

此外,我现在正在教未来的教师——这些人将会在21世纪连续执教许多年。我现在所做的极有可能对将波及成千上万孩子学习的实践造成影响。因为我的学生毕业后,会在他们的职业生涯中教许许多多的年轻人。那么我现在不仅要"付诸行动",还要加快脚步。

---

① 本章的部分内容首次出现在这里:Kist, W.(2005). Walking the walk: New literacies in my own classroom. *Ohio Journal of English Language Arts*, 46(1), 49—57.
本章复印自:William Kist. *The Socially Networked Classroom: Teaching in the New Media Age*. Thousand Oaks, CA: Corwin. www.corwin.com.
② 指具有能阅读所能接触到的各种媒体和模态的信息,并能循此产生相应的材料,如阅读互联网或互动的多媒体。

从 2002 年底开始至 2003 年全年，我访问了全美国和加拿大的课堂——从洛杉矶、斯诺莱克、芝加哥到蒙特利尔及其他地区——观察最富有远见的教师。他们不仅埋头于科技，还钻研这些新媒体科技在教室中应用的含义。在我旅行期间，我开始强烈地意识到我在科技应用和新教学实践方面已经落伍；我甚至没有自己的网页，我对此深感窘迫。当有人问我我自己网页的网址时，我就竭力掩饰说："在肯特郡我所在的系部网站上，网址太长，我记不清了（确实如此）"。我从没告诉别人我家直到 1996 年才有电脑，到 2003 年才有手机。

开始，我是因为对影片而不是对电脑科技感兴趣才作这样的调查。然而，现在，影片已经很快成为"旧"媒体（虽然它如今和新媒体融合得紧密），就像布朗诺（Brownlow, 1969/1976）记录无声影片的影星一样，我在那时正把时间用在记录这场运动的先锋们所从事的实践上，就在此时，这场运动与我擦肩而过。

当我注意到，在我上课时需要考虑到我所上的课可能会被这些职前教师模仿时，我仔细查看了找到的所有优秀读写作业任务，并自己创建了一些作业任务。本章其余部分就描述了在肯特郡立大学，我和我的学生所使用的部分作业任务。在几年的使用中，我发现它们可以根据能反应新写作课堂特色的问题来归类。这种新读写课堂每天以各种形式的展示活动为特色，并且"读"和"写"这些新媒体需要多加练习和反思。

媒体体验是如何塑造我们的？

多年来，我的课一开头就是让学生在一张纸上写出"读写自传"。这个作业要求学生回忆他们过去的所读所写。随着我自己全心投入新型读写，我决定扩大这个作业，让学生思考自己是怎样受到周围的各种文本影响的。为了让这些职前教师模仿这个活动，我把许多照片上传到 PPT 文档中，这个 PPT 展示了我自己的生命是怎样受各种文本影响的，如情景喜剧——《全家福》(*All in the Family*),《高雅艺术》(*High art*, Biu Evans 的爵士乐表演及克利夫兰艺术博物馆里悬挂的艺术作品)。随着图片在屏幕上闪过,随着音乐的响起,我看到学生认出了图片,他们也随之意识到他们和我虽然隔代,却都受到了共同文本的影响。

> **威廉·吉斯特的 PPT 内容节选**
>
> **多样的自传**
>
> 《花生米》(*Peanuts*) 漫画;
> 电影《曼哈顿》(*Manhattan*) 中的伍迪·艾伦 (Woody Allen) 和玛丽·海明威 (Mariel Hemingway) 的照片;
> 伯尼·汉考克 (Herbie Hancock) 的唱片"西瓜人";
> 薇拉·凯瑟 (Willa Cather) 的《我的安东妮亚》(*My Ántonia*) 书面封皮;
> 《蝙蝠侠》(*Batman*) 中的亚当·韦斯特 (Adam West) 照片;
> 油画:乔治·贝洛斯 (George Bellows) 的《夏基斯的公鹿》(*Sharkey's*, 1909);
> 杰基·格利森 (Jackie Gleason) 的电视指南封面;
> 比尔·艾文斯 (Bill Evans) 演奏钢琴的图片;
> 书面封皮:查尔斯·狄更斯的《大卫·科波菲尔》(*David Copperfield*);
> 卡通人物 Pogo 的塑料小雕像图片;
> 斯坦·劳雷尔 (Stan Laurel) 和奥列佛·哈苔 (Oliver Hardy) 的图片;
> 克利夫兰儿童节目主持人巴纳比 (Barnaby) 的图片;
> 影评《我,克劳迪马斯》中的德里克·雅各比 (Derek Jacobi) 的图片;
> 系列喜剧《宋飞正传》(*Seinfeld*) 中的四位主角图片。

当我的一生在他们眼前飞过之后,我让学生立刻快速写下在他们的一生中对他们有影响的文本——几段音乐、诗歌、电影,甚至是时尚、建筑。我们通过随心所欲的头脑风暴形式来分享这些文本,这既是怀旧也是一种认知,即认识到我们都无限地受到我们周围的各种交流形式的影响。之后,我让他们回到家里创建自己的多样自传。这个作业可用多种形式处理后上交——例如 PPT 视频处理软件 Moviemaker、视频剪辑软件 iMovie。评价这个项目的标准就是看学生是否能够展示出各种文本之间的脉络联系以及他们的生活怎样受到了这些文本的影响。我给他们的实际作业是从多处源头改编而来并且包含了可以激发学生对不同文本进行思考的问题。

多样读写自传作业

这里的作业鼓励你思考一生中遇到的各种文本。你作为各种文本的读者和作者，这样的经历对你今天如何"读"、如何"写"有很大影响。思考下列问题并且创建一个多样模型来帮助你思考你今天的多种类读写。

下面就是提示，可以帮助你开始写自己的多样读写自传。

1. 你对读写的最早记忆是什么？
2. 你对看电视的最早记忆是什么？
3. 你对看电影的最早记忆是什么？
4. 你对音乐的最早记忆是什么？
5. 你对使用电脑的最早记忆是什么？
6. 当你是个孩子时，有人给你读书吗？
7. 在你会读之前，你曾假装读书吗？你能记起第一次读书时的情景吗？
8. 想起以前的读写，你会想到哪些快乐和问题？
9. 你一生中喜欢读什么文本？
10. 过去有报纸送到你家吗？你记得见过别人读报纸吗？你过去读报纸吗？
11. 流行文化（电影、电视、音乐、网络）怎样影响了你的读写能力？反过来，你的读写能力又怎样影响了流行文化呢？
12. 你的性别、种族、社会阶级和/或民族怎样影响了你的阅读能力、你读什么和/或你对读的态度？
13. 你曾经订阅过儿童杂志吗？你的父母或兄弟姐妹订过杂志吗？
14. 你父母曾经是读书俱乐部成员吗？他们有私人图书馆吗？他们阅读是为了消遣吗？
15. 你记得家庭成员列清单或收发邮件吗？
16. 当你是孩子的时候，收发过邮件（如生日贺卡、感谢信、信件）吗？
17. 在你成长的环境中，你记得一些读写受到重视的迹象吗？
18. 你能详细讲述你对读写教学的第一印象吗？对教学法的第一印象呢？对内容的第一印象呢？
19. 你如果记得替代（非印刷的）文本在学校使用过，还记得是怎样使用的吗？
20. 在你的求学过程中，电脑是怎样被使用的（或者怎样没有被使用）？
21. 你记得在小学曾经为了消遣而读书吗？

(续)

22. 你记得在小学曾经为了消遣而写作吗？
23. 你记得在小学读过的第一本书吗？
24. 你记得小学里的第一个写作作业吗？
25. 你在小学时，有图书证吗？你那时使用图书证吗？在图书馆里你首先找的是什么书？在随后的几年里呢？
26. 你能记起你喜欢的（爱不释手的）第一本书吗？
27. 你能记得你喜欢的并反复观看的第一部影片或电视节目吗？
28. 你觉得你读过影响你一生的书吗？
29. 非印刷文本给你的生活带来变化了吗？
30. 你读过曾经被质疑或审查的书吗？你读的时候，有什么感受？
31. 你遇到过大人不高兴你去读的网上文本吗？遇到那样的文本，你当时感觉怎样？
32. 你在中级学校和／或中学或高中是读者吗？
33. 你上学以后读写习惯有什么变化？随后几年又有什么变化？
34. 你能回忆起来的读写和哪些社会组织、文化组织、宗教组织有关联？
35. 你能记起曾经和朋友开心地分享书籍吗？
36. 你能记起曾经开心地和朋友谈论非印刷文本吗？
37. 你在某个年龄读过某类书（悬疑故事或传记）吗？你现在觉得自己当时为什么选择读这些书？
38. 在中学或高中，你被要求读某些小说吗？你对此有何感受？
39. 你一直都最喜欢的儿童书籍是什么？作为成年人你最喜欢的书是什么？
40. 你读过的书有没有被拍成电影？
41. 在你的一生中，有没有曾经觉得读书是件快乐的事？
42. 在你的一生中，有没有曾经觉得写作是件快乐的事？
43. 在你的记忆中，你的读和／或写受到过一位（或几位）教师的影响吗？
44. 你的读写能力对你的生活有什么影响？
45. 你现在是读者吗？
46. 你现在是作者吗？
47. 你最经常阅读的替代媒体是什么？
48. 为你的学生模拟读写，你觉得舒服吗？
49. 你现在正在读什么？写什么？

资料来源：由威廉·吉斯特改编自 McLaughlin & Vogt（1996）和 Brown（1999）。

因为这个作业是在课程开始的时候布置的，我并没有建议使用什么结构或用何种媒介上交读写自传作业。我告诉他们可以用任何自己喜欢的媒介——写论文、拍影片、PPT展示等来呈现。因为紧张的学生总想知道他们的成绩是如何评定的（并且因为他们理应知道），因此我就真的给他们列了一串简单的评分标准。

多样读写自传评分标准

本次作业将会根据如下标准进行评分：
- 仔细推敲自己的感受：你的自传看起来是草草拼凑到一起的还是经过了自己的仔细思考？
- 对过去读写回忆得是否详细：是否用不同的文本来代表自己生活的不同阶段？
- 思考自己的读写经历对自己生活的影响：你有没有总结不同媒介的文本对自己生活的影响？

不论你用什么媒体，都不会根据你所用媒介的机械问题或技术水平进行评分。

随着我们听取有关作业的报告，学生们享受回忆的同时也逐渐认识到这些文本多么深刻地印在了他们的记忆中，并且还认识到不管是打印版还是非打印版的媒介都和他们的生活体验紧密相连，许多学生谈到了他们看的第一部影片；还有许多学生谈到了他们第一次从图书馆借书时的激动之情；有的谈到他们被带着去直播现场看《芝麻街》（*Sesame Street:Live*，幼儿教育电视节目），亲眼看到伯特（Bert）和欧妮（Ernie）时非常兴奋。

随着我们谈论这些生活中的重要文本（既有打印本也有非打印版）时，我们开始在黑板上写下不断重复的主题——如达成共识、自传的威力、为什么某些如书籍一样的文本看起来享有特权以及基于屏幕的影响力在明显上升等等这样的主题（Kress, 2003; Schofield & Rogers, 2004）。我们谈论了内容丰富的各种读写活动——从办张图书证到创建密码之类的事情，所有那些构成我们读写生活的全部（Barton & Hamilton, 1998）。

除了这个活动带来的围绕新型读写的问题，学生们还开始注意到作业本身的特色。课程刚开始,学生们就已经开始讨论这样的作业多么让人上瘾。许多学生承认自己坐在电脑前几个小时忙着把自己的多种形式自传组合到一起。我们把这些作业展示后,许多学生又主动返工去给自己的自传增加新的内容,因为其他同龄人所做的事情又启发他们想起了新的内容。

新的形式怎样塑造着读和写?

几年来,我都把下列的第一个活动作为一个帮助孩子们排序的有趣方式——把事件按先后顺序排好。噶木斯坦和威尔曼(Garmston and Wellman,1992)的活动是一种不出声的游戏,游戏中,学生们试着按自己的生日顺序排队。他们不说话,仅仅通过手势来努力找出自己在队列里的确切位置。这个任务完成后,这个活动还可以通过让孩子把一个故事中的事件写在便条卡或粘卡上来教孩子排序,此时,学生把这些卡片贴到自己的衬衫上,然后再按故事中事件的先后顺序站好。活动结束时,全班同学已经按照故事中事件的先后顺序站成了笔直的一排。

活动一:我们怎样以"非线性"方式去读?

要求学生正对老师站成一排:

1. 发出开始信号后,学生就按照一月份出生的站开头,十二月份出生的站结尾的顺序重新排队。学生不用给出自己的出生年——这不是有关年龄的练习。
2. 学生这样做的时候不能说话。他们可以通过打手势交流。
3. 学生们一旦按照出生先后顺序排好队后,就讨论一下线性是什么意思。
4. 之后,把一个故事中的事件分别写在便条卡上,给每位学生一张卡。学生按照事件的先后顺序排列;这次学生也不能说话。
5. 沿着队列从左走到右并展示我们读书时怎样常常从头读到尾。
6. 回到队列的开始并展示我们怎样跳读。从队列开头走到第四或第五个人,之后跳到第十个人,再往前走一点,走到第十六个人的时候,再跳回到第一个人,之后再跳到第二十个人,以此类推等等。最后向学生解释这就是人们跳读的方式。

资料来源:改编自 Garmston and Wellman,1992。

活动之后，我沿队列从左走到右，同时展示着我们传统的读书方式：从头读到尾。之后，我回到队首，开始随意快步走，先沿队伍走一阵，之后回到队首，之后到队列中间，这样是非线性阅读。我们之后以头脑风暴的形式想出非线性阅读和线性阅读之间的不同。对基于屏幕（基于网页）的作者来说不能预测读者阅读文本的方式，这意味着什么？

当然，有人会争辩说，我们一直都有这种跳读的能力，例如先读最后一页。许多学生也提到他们为了找出哈利·波特是否依然活着而先读最后一部《哈利·波特》的最后一章。一本书的情节有时会呈非线性安排，如倒叙和预叙。有时，当学生还在排队时，我就展示一些作品是怎样有意把最后发生的事情写到前面来的，如《公民凯恩》就把主人公临死前躺在病床上的情景放到了开篇的地方，这激起了大家对倒叙的讨论。倒叙因为电视剧《迷失》（*Lost*）和《超能英雄》（*Heroes*）而流行起来，因此讨论非线性阅读可能长久以来都是合适的。但是随着更多的文本都是以基于屏幕的形式出现，并且里面还夹杂着超链接，讨论线性阅读和非线性阅读的区别就更加恰当。

> **要思考的问题**
>
> 1. 想想你通常怎样读一本书。你通常从头读到尾，还是有时会跳读到末尾读结局？
> 2. 你认为当正在编写的文本会被以任意顺序（如一个网页）来读的时候，这将会怎样改变作者的任务？
> 3. 网上阅读与读一本纸质书有什么不同？
> 4. 你喜欢仅用一种读法吗？
> 5. 读到以随意顺序发展的文本时，你感到困惑还是愉快？作者以非线性手法写作的可能目的是什么 [如《公民凯恩》和《撞车》（*Crash*）这样的影片]？

我用下面的作业来让学生思考怎样创造杂合文本。既然这么多的新媒体文本包含着重现的各种要素，那就很值得和学生一起探索杂合文本为何大于它的各个部分的总和。这个简单的作业可以使用多种不同文本——很显然，这不仅仅限于《凯撒大帝》（*Julius Caesar*）。

活动二：音乐剧凯撒大帝

布置本次作业的目的就是给学生一个理由再看一遍莎士比亚的剧本《凯撒大帝》，这个剧本学生们刚刚读完。这会帮助他们把剧本看作一个整体；看作一个在莎士比亚创作时脑海里就一直想着戏迷们的戏剧作品；帮他们把它看成一个故事，从思想发展到行动再发展到结果；帮他们把它看成文学作品，如此，内部冲突和外部冲突都得到了探索。学生必须选择五首音乐作品，每一首音乐作品作为剧本的一幕配乐。选择的每一首音乐作品都应该反映出相应剧中一幕的大事、插曲、人物和气氛。选择的音乐应该适合在学校使用，但是不限音乐类型。例如克拉克（Jeremiah Clarke）的《国王进行曲》(The King's March) 就可以用来给凯撒胜利进军罗马的第一幕配乐。巴迪·米勒（Buddy Miller）的《太担心》(Worry) 可以表现出第二幕开头部分布鲁特斯（Brutus）的内心矛盾，《飘》(Gone With the Wind) 中的《跳华尔兹的美女》就可以用在第四幕，此时布鲁特斯因为波西亚的死而伤心不已，这导致了他的情感爆发。学生应该准备好和全班分享他们的选择。

资料来源: Karen Barta, Black River High School.

汤姆·罗马诺（Tom Romano）的杂合论文项目是让孩子在就某一主题写作时，进行跨越种类思考的另一个类似方法（Romano, 1995, 2000）。在写杂合论文中，在学生探索某一主题时，他们必须用多种类型来写——讣告、旅行日记、油画、歌曲。这样的主题有"美国西部的不公平"（Injustice in the American West）或者"在中国长大"（Grow Up in China）等。让学生创作一个如"音乐剧凯撒大帝"这样的杂合文本，或让学生写一个杂合论文都能让学生思考：不同媒介表现的艺术作品怎样表达相同的主题；在新媒体时代，我们遇到的许多文本内部本身就有多种再现形式（音乐、打印文字、影像）。有时，当学生们得以随意创作这些杂合文本之后，他们会追问可否加上自己创作的音乐或他们自己根据对文本某页的感受而创作的视觉作品，而其他学生

> 它让我开始冒险。我通常不是一个有艺术细胞的人。
> ——戴安娜

> 我有了玩弄艺术的机会。我可是很少这样做的。
> ——阿里尔

则说用杂合体很难。

> **要思考的问题**
>
> 1. 当为《凯撒大帝》(或其他文本)增加了音乐之后,你对文本的看法有什么改变?
> 2. 哪些杂合文本可以表达出来而单一文本不能表达?哪些单一文本能表达而杂合文本却不能表达?
> 3. 杂合文本和单一文本比较起来,你更喜欢创作前者吗?若是这样,为什么?
> 4. 文本的例子中,哪些可以被看作杂合文本?

当我们谈论"杂合文本"的时候,就会倾向于把杂合文本的各个组成部分拆开来,并把注意力放在各个构成部分上。这会导致对各个媒体的功能可见性的讨论。对于这样的讨论,我总是从电影开始,因为电影让我走进了新型读写的研究。电影本身就是一种包含台词、音乐和图像的杂合文本。

我们怎样对电影文本作出响应?

帮助孩子对文本作出响应是我们要和孩子一起完成的最重要的事情之一。在打印文本上,许多学生都令人难过地停留在解码阶段,他们仅仅是在努力理解所读文本。但对于那些已经渡过了解码阶段的学生,他们又有了新问题——现在该做什么?当我们对基于纸张的文本和对基于屏幕的文本都作出响应时,当我们的响应本身就既可以采用基于纸张的形式,也可以用基于屏幕的形式时,这种反应的过程就变得更加复杂。

当我为我的高中英语学生播放短的无声影片时,我对新型读写的兴趣才真正产生。作为一名新教师,我当时正在努力使我的学生欣赏我正教的文学经典。由于我自己喜欢影片,我偶然发现了可以在语言艺术课里使用无声影片。作为教师,我最难忘的时刻就是给学生播放查理·卓别林(Charlie Chaplin)的《弃儿的故事》(The Kid)。这是一部1921年制作的无声影片,这部影片的主线就是卓别林试图帮助一位六七岁孤儿的曲折故事，这个孤儿由童星杰基·库跟（Jackie Coogan）饰演。有一天我把这部影片播放给孩子看，因为电影作为一个种类在我的课程里曾被提到了，但主要是因为我本人喜欢电影，并想把这部影片向那些没有看过无声影片的观众炫耀一下。我很快惊喜地发现学生也特别喜欢它，他们被这个故事惊呆了，尤其是当福利机构来把孩子从卓别林身边带走的时候，当那个孤儿被警察扔进警车留下卓别林孤单一人的时候，我见到我那些坚强的城市孩子被感动了，孩子们看得特别投入。这个和卓别林有关的课堂经验使我意识到有新想法的时刻到来了，所有其他教师也和我一样曾经感受到这样的时刻。上述教学时刻是我的职业生涯中引导我著书的重要时刻之一，这本书就是你们现在所读的这本。

我知道学生正在对这部影片作出响应，并且我还知道学生也会对莎士比亚和狄更斯的作品作出响应，他们也会对爵士乐大师迈尔斯·戴维斯（Miles Davis）和画家杰克逊·波洛克（Jackson Pollock）及其他创作文本的艺术家作出响应。在我的教室里，我开始打破文本的等级，因此我们讨论了坡（Poe）的《阿芒提拉多的水桶》(*The Cask of A Montillado*)，同时还讨论了《亚当斯一家》(*The Addams Family*)。甚至在我上研究生院学习现在从事的职业之前，我就开始建设一个后现代课堂，结果到如今，我还常碰见原来的学生，他们还念念不忘地说自己还记得我们一起做过的事情。我最近碰到一个原来的学生，他问我是否存有他们改编过的一个视频副本——《武士的故事》(*The Knight's Tale*)城市街头版，源自乔叟的《坎特伯雷故事集》(*Canterbury Tales*)。幸运的是，我确实留有副本，就给他拷贝了一份。他和他的朋友如今在商业或执法领域工作，但他后来告诉我，他们都时常回忆起十几岁时聚在一起看那个老片的情景，由于工作繁忙，他们近十年都没有看过老片了。每当我听见有人说新媒体正在"简化"课程时，我就想起这个故事。在此我要大胆地问所有英国文学教师：他们能否举出一种让学生十年后仍然谈论的类似乔叟的教学活动。

不过在我谈论回忆乔叟的时候，我背离了自己作为一名英语教师的以文本为中心的背景。打破这种符号系统的等级制度很有可能应该从仔细地帮助孩子们对文本作出响应开始，不管是打印版还是非打印版——并且没有必要固定在打印文本上——可以用一种深思熟虑的方式。为了开始这样一个讨论，我使用了一个来自媒介素养中心的著名媒体教育家弗兰克·贝克（Frank Baker）的活动（http://www.frankwbaker.com/default1.htm）。

活动一：按成分分析影片

给学生播放斯蒂芬·斯皮尔伯格（美国导演）的《外星人》（E.T.）前七分钟，不作任何介绍。学生仅仅看这部剪辑，看完后，把学生分成小组，给每组一个"影片分析卡"，卡片上有打印出来的指导信息，这些信息要求学生再看一遍剪辑，但是只关注影片的一个成分。

舞台灯光

时间是一天中的什么时候？

时间线索是什么？

舞台灯光产生了什么效果？

用两三个形容词来描述舞台灯光。

音响效果

闭上眼睛。

仅用耳朵来听这个场景，之后，你要列出听到的一切，并和别人分享。

音　乐

描述场景开头、中间和结尾的音乐。

发生了什么？为什么？

音乐对气氛和情感有什么作用？

音乐效果明显吗？

如果场景中没有音乐又会怎样？这又将怎样影响你的印象？

相机：运动

请记录导演或电影摄影师使用下列动作的情况：

摇摄（镜头左右动）；

俯仰摄（镜头上下动）；

升降镜头（镜头高高在上）；

做这些镜头动作的目的是什么？

（续）

剪　辑
数数场景中剪辑的数量。剪辑有什么效果？
相机：镜头
请记录导演或电影摄影师使用下列动作的情况：
宽镜头；
中景镜头；
特写；
放大或缩小；
这些镜头为什么会在这里使用；
气氛；
这个场景产生什么气氛；
你感受如何；
你为什么会有这种感觉；
导演怎样激发了你的情感。（详细说。）

仅仅通过让学生观察一种电影要素，就可以让他们开阔视野，使他们认识到影片制作中融进了许多形式要素并且认识到电影可以像十四行诗和油画一样从形式上来观察。做过这个练习后，学生报告说经过这样仔细研究场景后，他们很难再像原来一样随意看影片了。有时学生坦白说他们以前没有意识到看影片也可以"算作"参与严肃的艺术活动。这个活动之后，弗兰克报告说，"我的经验是学生更乐于和别人分享他们现在所见、所听和所感"，"听到学生们说他们新发现了影片导演要表达的东西，这使我们振奋"。

类似地，美国圣安东尼奥市的通讯艺术高中的通讯教师海蒂·维特斯（Heidi Whitus），用特别的提示来帮助学生思考影片信息和感染力的各个方面。她用了下列提示来让学生思考和写作，并分析影片怎样成为一种值得人们仔细响应的媒体。

活动二：影片提示

- 我们在班里看了几部影片，里面的主角不是真正的"好人"。不像《生活多美好》(It's a Wonderful Life) 中的典型好人乔治，他们每天都违反基本的社会规则。想想你在课外看过这样的影片吗？即里面的主角在传统社会的眼里是一个坏人，不过仍然是一个可爱的角色。描述一下，你觉得这个人物怎样？是什么使这个角色变"坏"的，并且影片是怎样解决这个问题的〔想想在《人民公敌》(The Public Enemy) 和《雌雄大盗》(Bonnie and Clyde) 里的主角身上都发生了什么事情〕？

- 很容易通过它们的地点辨认出来西部片：经典的就是美国西部，通常是19世纪的。然而，西部片的标志物有时会在其他背景的影片中找到。描述一部你看过的类似影片，解释这部影片被划为"西部片"的标志。

- 把一部恐怖经典影片的重拍版和它的原版比较，找出相同和不同之处〔如《精神病患者》(Psycho)、《鬼入侵》(The Haunting)、《鬼雾》(The Fog) 等〕。用200字解释一下为什么某一版本更有效、更有趣。请考虑下列因素：

  ○ 影片怎样得到了改编以适应不同的观众；

  ○ 原版之后科技发展；

  ○ 社会对于可以在恐怖影片中接受多少流血和暴力的标准已经发生了演变。

  对于那些没有看过恐怖影片重拍版的人可以有如下选择：

- 我们连续在班里看了四个黑白影片〔《卡里加利博士的小屋》(The Cabinet of Dr.Caligari)、《弗兰肯斯坦的新娘》(Bride of Frankenstein)、《精神病患者》、《鬼入侵》〕。许多人都说讨厌黑白片，其他的人却说喜欢黑白片。黑白影片和彩色影片比较起来，你喜欢哪种？你的这种观点是否在随着你年龄的增加而变化？用你看过的某部影片来说明。

- 《歌剧院杀人狂》(The Abominable Dr. Phibes) 被看作是另类经典，即有小群的忠实观众。描述你认为这部影片受到一些粉丝喜爱的因素（但这些因素也阻碍了它受到更多人的喜爱）。

- 如果你有其他喜爱的"另类经典"影片，就在这里说说吧。

- 新要求：除了写你的150字的感受之外，你必须回应一位同学的感受。也就是说，本周要写两篇文章。

资料来源：美国德克萨斯州圣安东尼奥市的通讯艺术高中教师海蒂·维特斯。

用视觉再现一种思想是什么意思？

我们一旦看过动态影像之后，就开始看静态影像。许多英语教师（和其他科目的教师）也许会认为这种活动更适合艺术课。在英语课堂，我们主要把传统的印刷文字作为交流的媒介。大约从20世纪初开始，印刷体的读写就成为这个领域的中心（Eagleton，1983）。如今，我们面对的是开始转向以屏幕为中心的世界（Kress，2003），在此，我们的很多阅读都是在屏幕上，因此阅读不仅引领着印刷，也引领着影像、声音、动作。我们如果想真正帮助学生进行这种新型阅读，就应该把视觉读写技巧包括进来。许多教师都通过观察油画和视觉艺术的方式来探索这个问题，我本人也这样做过。但我也用过一个旧的室内游戏来让孩子们重现读过的东西，这个游戏由杰弗里·威廉（Jeffrey Wilhelm，1997）提出。

快照或戏剧舞台造型

1. 让学生三到五人组成一组，给每组指定一个场景，场景可以来自一本书、一个历史事件或科学工艺流程。
2. 向每组解释他们将会用肢体从视觉上再现这个事件，即不许他们画画或用符号语言。他们必须重新演一遍这个事件，同时确保大家能够认出这个事件。
3. 给小组时间来进行排练。
4. 学生准备好表演后，每组都登台摆一个舞台造型，这个造型代表着他们应该描述的事件。
5. 如果其他学生猜不出正在描述的事件，可以选择另一种做法，即让观众针对被描述的事件同一个或多个演员可以用"是"或"不是"来回答的问题。

资料来源：改编自 Wihelm，1997。

活动进行中，我得到的一个主要反馈就来自那些害羞的学生——他们不习惯在全班同学面前用肢体再现某种场景。当然了，也有许多大胆的学生，由于之前有过戏剧体验，因此他们很喜欢这样的活动。这又引出了一场讨论（在学

生展现完他们的舞台造型之后）：作为教师，我们应该怎么做才能使教室成为每位学生都成长进步的地方，而不管他们选择何种表达自己的形式？这里用视觉再现一种思想的目的是什么？

> **考虑的问题**
>
> 1. 讨论这个活动的难点。有一些内容用视觉再现时会更难吗？
> 2. 为什么有些人决定用视觉再现某事？
> 3. 一张图片胜过千言万语吗？
> 4. 想想在你的生活中有没有这样的时刻——你更喜欢图片中的事情而不太喜欢用语言描述这个图片。
> 5. 想想生活中你喜欢文字的时候。我们倾向用语言再现的事情和倾向用文字再现的事情有何共性？又有什么区别？
> 6. 你站起来在全班面前再现自己的舞台造型时有何感想？

"种类"的含义是什么，尤其在我们进行跨文本学习时？

多年来，种类研究是我们英语课堂的主体。不管是否围绕种类（如科幻片、疑案片或按种类来划分文学作品）来设立整个课程或某个单元，语言艺术教师一直都在强调不同种类的特征——从两种角度来考虑——从读者的角度来考虑（读者需要辨认符合某种类型的规则）和从作者的角度考虑（在某些类型规则下进行创作）。阅读教师重点把类型看成一种组织方式和一种帮助学生独立阅读的方式。学习如何根据书面封皮来判断一本书的类型使我们又回到了研究书面封皮的类型。

但在多模世界中，类型是怎样的呢？有没有像恐怖文本这样的类型可以超越再现的形式？另外，恐怖片中的某些要素是不是不会被转化到恐怖小说中？在新媒体时代，交流的类型和形式一直猛增，以至于人们几乎每周都会发现一种新形式。因此，很值得对某些类型的某些要素进行讨论，这些要素不管在什么时期、以什么形式再现，它们的特征都很明显。

> **跨类型的文本比较**
>
> 1. 就交际的任意两种形式给出例子——任何形式都行，如诗歌、广告、网站主页等。尽量使用同一类型的文本——如恐怖文本——但是形式不同（如恐怖小说家史蒂芬·金的小说和影片《精神病患者》）。
> 2. 和学生讨论交流形式的相同点和/或不同点。哪些可以用在数字交流上而不能用在打印（基于页面的）交流上？哪些可以用在基于页面的交流上，而不能用在数字交流上？
> 3. 列出交流的类型和形式的各种特征。

这些讨论会用到那些巨大的可以用一个假期的布告牌，学生在这里可以列出各个类型下的文本。在一段时间内，学生可随着遇到的新文本而不断增加类型列表内容。非正式地讨论不同文本的异同都可能引起更正式的响应或者也许会停留在对话层面。下面有趣的一步就是讨论是否有流动成分较少的类型——不管在什么文本中都保持不变的成分。

> **要思考的问题**
>
> 1. 恐怖类型或其他任何类型的共同要素是什么？它们又怎样转变成交流的各种形式？
> 2. 有没有某些类型所特有的考虑要素，这些要素不能从一种形式转变成其他形式——为某种形式所特有？若有，为什么？
> 3. 推测一下一位艺术家是怎样决定使用某种形式来表达她或他自己的？

对文本进行列表和归类有何作用？

上次作业中学生得到的快乐可以引出对新媒体活动两个要素的讨论：集合和分类。我们越来越把新媒体当作我们生活中的数字剪贴簿来用，不管我们是在网络相册上分享我们最喜欢的相片，还是在亚马逊的列表狂（Listmania）中列出我们喜爱的神经喜剧。多年来，我一直给学生安排某种"读写档案袋"并且通常遵循南希·阿特维尔（Nancle Atwell，1998）描述的模式。阿特维尔倡导首先教的迷你课程之一就是"读写领域活动"，在这个活动中，整个班级包括教师在内都开始列出他们读的和写的所有东西。我给学生布置了类似的活动，但我扩展了这些活动，把那些阿特维尔没有算在内的类别包括进来，这些类容纳了新媒体。

文本类别活动

1. 给学生列出类别，如下所示：
   最喜欢的小说家；
   最喜欢的诗人；
   青少年最喜欢的作者；
   最喜欢的制片人；
   最喜欢的音乐家；
   最喜欢的视觉艺术家；
   最喜欢的舞蹈家；
   最喜欢的网站；
   最喜欢的视频游戏；
   最喜欢的博客；
   最喜欢的漫画小说。
2. 模拟一下你将怎样对上述类别作出响应。
3. 让学生创建一个含有上述类别的文档（并包含他们想要加入的任何其他类别），之后，在一年中不断往这个文档中加东西。
4. 给学生另外一个类别列表，这一次和写作有关：
   主题；
   类型；
   读者。
5. 模拟一下你会怎样对上述类别作出响应，并一定强调在"类别"下，将所有的写作都算在内，如发短信、即时通讯IMing，甚至还包括写便签。
6. 让学生创建一个含有这些类别（及其它想要加入的类别）的文档，之后在一年中，不断往里面添加内容。

资料来源： 改编自 Atwell，1998。

> **要思考的问题**
>
> 1. 读了自己的读书列表之后，你有什么感想？
> 2. 读了自己的写作列表之后，你有什么感想？
> 3. 你发现自己在阅读中有什么倾向？你喜欢什么类型的书？喜欢什么类型的文本？
> 4. 你发现自己在写作中有什么倾向？你喜欢写什么样的事物？类型对你的写作有什么影响？
> 5. 这种列表有什么意义？这是浪费时间吗？

　　这个活动得出了一个有趣的结果。几位学生想知道能否把自己的列表及所有读写文件夹放到网上去。一天，我刚做完了上述列表狂中的事，我的学生就问我"为什么不把我们的阅读文件夹放到网上去？"我犹豫了一会儿。我为什么会犹豫？我想当时我想到的第一件事就是安全问题——学生的作品能被保证安全吗？我知道在过去的几年中，许多学生们在写作文件夹里放了涉及个人隐私的东西。

　　如果他们知道自己的作品会被发表到网上，他们还会这样毫无防备地写作吗？我还知道一些学生偶尔读标题中含有冒犯字眼的书。不过既然他们已经是大学里的成年人，这不是问题，但如果他们的读书博客被发到网上人人都能看到时，这会成为问题吗？或者别人都应该看到它们吗？我能不能给它们设置成有密码保护的？如果是这样，谁可以得到密码呢？

　　简而言之，在30秒内，我想到了很多负面的东西。我被难倒了，我的学生坐在我面前用那种神情看着我，仿佛在说"这有什么大不了？"不过，当然了，我用了一句教师的口头禅——"等我想想"，推脱了一下。

　　幸运的是，随着我开始思考她请求的含义，我开始认识到把读写文件夹放到网上也有好的一面，尤其是在如今这个网络2.0世界里，全社会都紧密联系在一起，这些文件夹也会变得更加公开。当这些文件夹可以供给更广大的读者时——不是消极的读者，而是那些可以和文本互动甚至修改文本的读者，我想到这些会对学生读写有益处。这些原来仅供教师阅览的私人文件夹现在可以对整个世界开放了。也许其他班级、其他学校、全世界的学生都可以对这里的写作评论了，也可以对这些日志评论了。也许这将会严重影响写作，并使学生在写作之前审查自己，但也许让他们公开部分（或全部）私人生活是件好事。

当"读写"越来越公开化和合作化时，它的内涵又是什么呢？

下列一组活动就验证了以有关个人活动和合作活动的混合物为中心的问题，这种混合活动包含了新读写教室的一个特征。

我们怎样形成共同体？

在我们谈论了自己的个体特征及它们如何受到我们周围文本的塑造之后，我们现在开始和别人讨论怎样建设共同体（不管我们是面对面地参与还是虚拟参与这些共同体）以及这些共同体又是怎样塑造并调节我们的。开始我先采用了两个比较传统的活动，这两个活动原来是为促进合作学习而设计的，但它们也可以加以扩展用来指出网络2.0世界里的社会网络要素。首先，我们进行了一个名为"找出著名的小说朋友和家庭"的活动。

建设共同体

活动一：找出著名的小说朋友和家庭

1. 让学生三到四人一组。
2. 发给每位学生一个3×5英寸大小的索引卡。
3. 让每组想出三到四个可以聊到一起的人名。如果你不想要小说里的人名也可以。例如：
   约翰、保罗、乔治、林格；
   哈里、赫尔迈厄尼、罗恩；
   巴拉克、乔治、比尔；
   玛西亚、格雷格、简、鲍比
4. 一旦每组确定了一组人名，就让每人在自己的索引卡片上写下一个小说人名。例如，在上面的披头士一组人名中，一个人在自己的卡上写下"约翰"；一个人写下"保罗"；一个人写下"乔治"；一个人写下"林格"。
5. 把每个人的卡片都收上来。

(续)

6. 检查一下，确保没有两个"披头士"或者两个"哈利·波特"。因为这个活动的规则就是每组都是一个与众不同的组合。

7. 随便任意分配卡片。

8. 让每位学生从座位上走出来，走到那些手里持有和自己手里的人名配套的同学那里。

改编自 Silberman，1996。

活动二：四个角落

1. 想出 5 到 10 个表达意见的陈述句。

2. 把下列代码写到黑板上：

   1= 非常同意；

   2= 同意；

   3= 不同意；

   4= 强烈不同意；

   0= 中立。

3. 让学生给每张纸标号，从数字 1 标到你所拥有的陈述句的数目。

4. 大声读出陈述句并让学生把代表自己想法的数字代码写下来。

   如：一个表达意见的陈述句可能为："麦当劳是比汉堡王还好的快餐店。"如果你同意这种说法，你就写数字代码2。

5. 你一旦读完所有的陈述句，就在教室里走动，并在教室的四个角落标明非常同意、同意、不同意和强烈不同意。

6. 让学生站起来。

7. 再次大声朗读那些观点陈述句，让学生根据自己的观点站到相应的角落。学生就这样随着每读一次陈述句就重组并多次再重组。

资料来源：选自 Garmston, R. J., & Wellman, B. M. (1999) .*The adaptive school: A sourceboook for developing collaborative groups.* Norwood, MA: Christopher-Gordon Publishers.

通常开始时，我先让大家集体思考这两种活动的不同点，通常关注点放在这形成组的方式上。在活动一中，学生们发现自己站在任意组成的群里（取决于碰巧卡上是什么名字）。在活动二中，学生根据相应陈述句加入一个组或退出一个组。学生们喜欢活动一的完全随意的结组方式（在未来的课堂中这也许对他们有用)。但大多数的对话倾向于和活动二有关,因为学生们非常惊奇地发现组内的一致意见,当下一个问题出现,原来的组内又有不同意见出现,小组随之解散,这样的相同意见与不同意见、结组与解散伴随着活动的始末。"我原来不知道麦当劳和汉堡王相比你更喜欢前者"或者"我原来不知道你赞成死刑"。学生们喜欢这一点:他们自己首先声明自己的喜好,因此他们就不会因为同伴的压力而左摇右摆。此处我们探索了在网上怎样根据共同兴趣而形成密切关系组,以及你在这些组中遇到的人是怎样使你吃惊的。这又引出对认同信息的讨论。当你在匿名的空间内表达好恶时意味着什么?这将导致更多还是更少的个人主义?我们在网上比面对面交流时更倾向于有意塑造形象吗?

> **要思考的问题**
>
> 1. 哪一种活动更令人满意?
> 2. 哪一种活动更像网络社交?
> 3. 哪一种活动更像面对面的社交?
> 4. 我们与他人交往时,不管是面对面还是网上,更倾向于使用哪种方式?
> 5. 当完全根据好恶分组而不根据人口的远近分组时,上述哪种形式就会解体?
> 6. 在网上做真正的自己时,自由是多了还是少了?

我们怎样才能一起工作?

合作的能力在新媒体环境中似乎是公认必不可少的。为了粗略估算数字时代中要想成为一名有效的交流者需要多少合作精神,我采用了一些古老的戏剧游戏,这些游戏通常是用来帮助演员在真人观众面前的舞台上即兴表演或应对可能出现的任何事物的。剧中的演员们必须作为一个演出团队一起努力,不然演出就失败。"数到十!"这个活动就迫使一群人彼此倾听、相互协作并朝着一个共同的目标努力。

> **数到十！**
>
> 1. 让学生围成一圈，教师要站在圈外。
> 2. 让小组成员们每次随意喊出一个数字，试着数到十（或任何数字）。
> 3. 每次组内的任意两名组员同时喊出相同的数字时，小组就得重新开始。
> 4. 在喊出数字时，组员不能用任何信号或其他方式提醒。
> 5. 当小组成功数完他们想数的数字时，小组就成功了。
>
> 资料来源：改编自 Loomans & Kolberg, 1993。

"数到十！"这个活动的一个明显特征就是它让学生在教室里马上集中注意力。学生们很想完成这个任务，他们觉得这个游戏非常有趣，但当他们就要数到十，而两个人同时喊了"九"时，他们不得不从头开始，这使他们很沮丧。当全组成员顺利完成任务时，他们都情不自禁地大声祝贺。成功了，他们很开心。

> **邮件用户清单服务——Listserv**
>
> Listserve 是很原始的（但仍然很强大的）社交网络工具。它实际上是与一个 Listserv 邮箱地址相联系的一系列的邮箱地址的集合。例如，我可以通过让你们给我发送你们的邮箱地址来创建此书所有读者的 Listserve（顺便说一句，请随意这样做。你也可以给我往这里写信：wkist@kent.edu。）。
>
> 我之后就可以通过我所在大学的网页上的一个链接来创建一个 Listserv 并为其命名，例如我把它命名为 KISTREADERS@LISTSERV.KENT.EDU。之后，因为我是这个 Listserv 的创建者，所以，我一旦建好自己的 Listserv，就可以通过另一个链接把每个人的邮箱地址添加进来。
>
> 每次我想和这些人联系时，我就会给 KISTREADERS@LISTSERV.KENT.EDU 这个邮箱发封邮件，我的邮件会被所有在我的 Listserv 上的人收到。Listserv 有几种设置方式：可以让所有的人都能给 Listserv 发邮件，也可以设置成仅选择几个人能够这样做。

> **Nings**
>
> "Ning"这个名字来源于网站 Ning.com,这个网站为任何想要建立网上社区的群体提供免费网络空间。仅需一会儿时间就可以建成,之后那些想要加入 Ning 的人就可以和已经加入 Ning 的人对话了。Ning 像脸谱网 Facebook 一样都是社交网,它们的共同点就是会员都可以创建一个文件夹,并向这个群发送评论和问题。许多教育者都在使用 Ning,它是一个安全的可在教室里使用的社交网络,可以被个性化设计以便每封发到 Ning 的邮件都可以自动生成一个发给教师的邮件。建立 Ning 是免费的,花费很少的钱,就可以在 Ning 上选择去除广告。不过有年龄要求——13 岁以下的孩子不能参加。请参考为本书读者创建的 Ning:http://sociallynetworkedclassroom.ning.com。

几乎是刚做完这种共同体创建活动,我就发现教室里的学生有了变化。班级 Listserv 里的评论就是很好的证明。在 Ning.com 和其他社交网络平台来到教室之前,我创建了一个简单的 Listservs,在此班里的每人都是一个成员,并且所有人彼此都可以发送信息。Listserv 安装在我学校的服务器上,并且仅仅需要我输入每位学生的邮箱地址一次,他们就都可以收到 Listserv 信息了。通常在这些共同体创建活动之后,Listserv 上就出现了更活跃、更幽默的对话。课后,米歇尔对 Listserv 的使用评论说,"Listserv 使班里的每个人通过不断地建设和维持关系而联系起来。"安布罗西亚写道:"通过 Listserv,我的问题得到了好几个回答。"莱利写道:"这是同时联系许多人的快速而便捷的方式,因此很省时。"辛迪写道:"Listserv 很棒,因为你知道在邮件的那头有人和你一样渴望交流!"

在 Listserv 之外,学生们开始在教室里分享圈内笑话,他们开始在带食物到教室里来的报名表里签名。我的两个班还自己设计了 T 恤衫来纪念班里的妙语和事件。一个学生这样说:"我们一直在班里待在一起,可从来没有像现在这样成为一个共同体。"

> **要思考的问题**
>
> 1. 在这个活动中，作为组员你应该成功地做什么事情才能使本组达到目标？
> 2. 个人和全体组员都会遇到哪些困难？
> 3. 你是怎样克服这些困难的？
> 4. 本次活动和网上社群中的行为有类似之处吗？有不同之处吗？

不过这和读写有何关系呢？我会说，有很大关系，尤其是在这种新媒体时代。我们大多数人可能都在认为写作是一个独立的活动。我们倾向于把孤独的作家想象成隐藏在狭小阁楼里的艺术家，沉浸在幻想之中。也许作家幻想的一面仍然存在，但是，作家们正在不断增加与其他作家在文本上的合作——这些其他作家可能生活在千里之外。

> **wikis**
>
> "wikis（维基）"这个词来自夏威夷语，"快速"之意。维基已经成为在线合作写作中必不可少的部分。每个人都可以根据任何选定的题目建立自己的维基。载有维基的平台有很多，如 Wikispaces.com 或 PBwiki.com。创建维基的人可以决定谁可以向维基发布信息。人们一点击维基上的连接就可以上传正在共同创作的任何文档。有名的维基例子有：Wikipedia.org 和 Lostpedia.org。网上也有这样的仅仅储存群体共用文档（如 word 或 excel）的平台。GoogleDocs 就允许这样储存文档以便同事和朋友在任何地点、任何时间在这些共享文档上合作。

在学校里，我们经常布置独立完成的写作作业，而校外的写作通常是在 GoogleDocs 或 Wikispaces 这样的合作空间内完成。文本由合作完成，多人起草，之后又由其他人修改、编辑——有时修改、编辑的人多达成千上万。Wikipedia.org 就是这样的一个例子，在此世界上成千上万的人积极参与提建议、编写没有尽头的信息条目。我们需要给学生共同合作创作文本的练习机会。几年来，我采用了非常老的阅读策略活动来了解与一群人共创文本是什么意思。

> **合作写作**
>
> **列出创建诗句的小组标签**
> 1. 让学生3～4人一组,给每组一大张带表格的纸。
> 2. 告诉学生你将要给他们一个类别,如"鸟"或"蜘蛛"。之后每个组员将会利用一段时间写下自己想到的和这个类别有关的词或词组。每个学生在纸的一角或一面写。
> 3. 时间到了,每组数数每张纸上有多少个单词。
> 4. (可选择的)原来活动的其余部分就是让每组想出能把这些单词分组的类别词。
> 5. 让学生选出他们最喜欢的10～12个单词,把他们写在纸的正中央。
> 6. 让学生利用那10个词组成一首诗。教师也可以让学生选择从一定数量的动词或其他限定词中选择要增加的词。
>
> 来源:改编自 Tata,1967。

这种混合的活动占用的时间多达40分钟,整个过程中,学生一直不断地在做活动并彼此合作。活动的第一部分让学生与其他组竞争看谁写的单词或词组多。活动第二部分让学生们合作选词造诗。偶尔,有些学生做不好这类型的合作写作,但让学生围在一大张有表格的纸周围会引导他们体验真正的合作,学生会争论应该用哪个词来作诗,之后会努力把这些看似随意的词组成诗。这些诗常常持续公布几周,虽然这些组解散很长时间了,他们还常常提起此事。

当我们开始讨论如今的写作是怎样被合作完成时,这个活动可以使众所周知的智慧"灯泡"照亮许多学生的头脑。虽然学生总想自己能够单独创作,但他们也看到这个活动的益处:利用带表格的纸,伴随着妥协、协商和意外发现,他们可以相互合作并学习网上写作经验。

> **要思考的问题**
>
> 1. 你觉得你们合作的诗怎么样?
> 2. 你更愿意用那些单词自己独立写诗?
> 3. 小组集体思考(列表)的活动有助于写诗吗?为什么有帮助或为什么没有帮助?
> 4. 列出合作写作中需要应用的规则或规范。

新媒体时代中我们作品的读者是谁？

在这个新媒体时代，我们几乎不知道和我们合作写作的人是谁，我们可能对自己的读者是谁也一无所知。在博客环境下，这将变得更加复杂，匿名读者会发表各种各样的从褒到贬的评论。

> **读 者**
>
> **雪球活动**
>
> 在教室里给学生发放标准白色复印纸。
> 1. 让每位学生在纸的上方写上自己的名字。
> 2. 让学生对提示物作出响应（提示物可以是任何东西，提示的主题和活动无关）。
> 3. 让学生站起，一见到信号，就开始把纸揉成一团，扔到教室的另一头。
> 4. 学生从地上拿起一个纸球然后回到座位上，展开纸，用一两句话回应上面的一个人所写下的内容。
> 5. 学生再把纸团上，一见到信号就把纸球扔到教室的另一面。
> 6. 多次如此反复。
> 7. 最后，让学生把纸团还到第一个作者的手里（第一个作者的名字就在纸的上面）。
>
> 来源：改编自 Burk，2000。

> **博客与写博客**
>
> 博客本质上就是在线日记或"日志"。几年过去了，最初的名字（网络博客 web log）被缩短成"博客"。有几个可以使用博客的免费平台，给每个想要写博客的人提供世界范围的瞬间潜在读者。可以通过多种方式建立博客，但它的构成要素就是条目本身，这和基于纸张的日记条目类似，有各种各样的长度、风格和内容，这里的内容就像私人日记里的内容一样。使写博客成为网络 2.0 的一个重要组成部分的原因就是它的互动本性。通常，每个博客的条目后都有一个链接，以便读者对条目进行评论。在过去，对日记条目的唯一回复只能在历史书中找到。现在，回复可以是瞬间的、公开的，可以来自朋友、同事甚至是陌生人。

多年来，我和学生一直把上面的活动作为开头，它是一个让学生从座位上站起来、走出来、进行互动的一个例子。几年前，我就在做这种活动，并且我当时意识到这个活动的目的可以被扩展，即促成对在网络2.0时代的读写规则的讨论，尤其是对写博客的讨论：我们怎样对待网络2.0时代的"读者"？

当然，多年来，写作指导的一个主要目的就是让孩子在动笔之前先想想读者。读者意味着许多东西：从语言到语气，甚至到长度。我们已经教育孩子在写作的每一步上都要想着读者，甚至是在写前的构思阶段——他们思考自己想要表达什么的时候——也是如此。但如果我们的读者是陌生的，并且是全球的潜在读者，并且如果考虑到读者可能会随意评论我们的写作，他们还可能是粗暴的读者时，我们的写作又会怎样呢？

当某些学生对写在自己"雪球"上的内容作出激烈反应时，我就有了突破。当"雪球"在教室里到处被扔了几次并得到不同学生的评论之后，我让学生把手里的纸团还给原来的作者（其名字就写在纸的上端）。看着学生们真诚地读着别人写在自己纸上的建议，真的很有趣。不过，有时，当纸团还到主人手里时，上面会有粗暴的评论，如"谁写的这个？"或者"那不是我的本意，我被误解了"。这些评论使我思考"雪球"上的评论和博客上对原文的评论有没有平行的地方。我问学生"别人对你的原文公然反对甚至误解时，你感觉怎样？如果你写前就知道会有这样的评论，你还会这样写吗？"这又引出了一个有关下列问题的对话。

> **要思考的问题**
>
> 1. 读到自己"雪球"上的评论你感觉如何？你同意评论的内容吗？或者你是否觉得某个评论太荒诞？这使你感受如何？
> 2. 当你不知道谁会读时，你会怎样改变你的写作？
> 3. 假如你的"雪球"会落入世界上的任何人的手里，并且有可能是几年之后，这会怎样影响你的写作？当你的读者可能是世界上的任何人时，这会怎样影响你的写作？
> 4. 当你不知道评论者是谁时（当评论者的姓名没有被要求写在纸团上时），你会有不同的感受吗？

5. 当我们在网络2.0这样的随意读写环境下，我们写博客或给别人的博客留下评语时，应该遵循哪些指导原则？
6. 我们应该在博客中采取哪些措施来防止恶意的、重伤性评论？

我们怎样进行多任务工作或者可以同时和/或同步做多个事情？

　　能够同时做多项任务似乎是新媒体使用经验的主要特征，这既有好处也有坏处。例如，人们（可以深表理解地）对那些边开车边发短信的司机们大声疾呼。但这种用媒体同时做多任务的行为总体是"好"还是"坏"——也许导致注意力时限缩短——这个话题也许该就此停住。人们如今同时做的这些事情过去常常被人们认为是互相排斥的。在我撰写此书的过程中，我比以前更加频繁地进行多任务工作了。在我撰写此段的过程中，我一直在往我的音乐软件 iTunes 里面存入歌曲，回复电子邮件，查看我的微博。也许，我若是专注地写这一段，这一段也许被写得更好，但我似乎陷入了一个模式：我在数字世界里多任务工作会更加富有成效。下面的活动是一个老的"户外教育"游戏，我用这个游戏来模拟我们在多线任务工作时会是什么样子，这也许超过了我们有效地完成所有任务的能力。

"这是一个苹果"活动

1. 学生和教师一起站立围成一个圈。
2. 教师是这个游戏的队长，手里拿着两样可以传递的东西——几个钥匙锤、几个网球或一些非常小的毛绒玩具等之类的东西。
3. 队长拿起一个物品，把它传递给自己右侧的人，并说"这是一个苹果"。对方（第一个学生）应该说："一个什么？"队长就回答："一个苹果"。
4. 这个人接着把东西传给自己右侧的人说"这是一个苹果。"对方（第二个学生）应该问："一个什么？"第一个人转回向队长问"一个什么？"队长说"一个苹果。"第一个学生转向第二个人说"一个苹果。"

5. 第二个学生转向自己右侧的人说"这是一个苹果",之后对方问"一个什么?",这个问题一直传递到队长那里,队长回答"一个苹果",这个回答再依次传到那个拿着"苹果"的学生手里。
6. 苹果传到一圈的三分之一时,队长开始向自己的左侧传递一件东西说:"这是一根香蕉。"
7. 游戏最难的部分开始出现在圈中的某一点上,通常在队长的对面,即当"苹果"和"香蕉"交叠的时候;参与者必须注意力高度集中才能说对话和多任务工作,因为他们要同时说出两个不同的动作,并同时做两个不同的独立的任务。

这个游戏会让玩家产生一系列的感受。一些学生见到同学努力同时完成这些任务而呆住或乱成一团时就忍不住大笑,也有些学生因为这个游戏带给他们的压力大而非常不喜欢它。人们或者喜欢这个游戏的挑战,或者在为了让物品继续传递下去而不得不全神贯注地做自己该做的任务时脸上表现出不知所措的神情。

如果游戏中断了,一些学生会固执地要求继续玩这个游戏直到做对为止。我甚至遇到过这样的学生,他们要求我们每次课都玩一次这个游戏,直到他们可以让物品顺利地在圈内移动。

当讨论多任务工作时,有许多有关某些学生能多任务工作和某些学生不能多任务工作的故事——如有些人边听音乐边写作,而有些人写作时需要绝对的安静。我们把多任务工作作为新媒体时代读写的一个特征来讨论。在整个阅读任务中,一个人必须兼顾不同的任务是什么意思?人们是真的同时在做多个任务还是在任务间快速跳来跳去?这种多任务工作对新媒体文本的读者或作者有影响吗?

要思考的问题

1. 你认为这个游戏怎么样?
2. 这个游戏与人们做新媒体任务时的多任务工作有何异同点?
3. 善于同时多任务工作的人和不善于多任务工作的人都能同样高效地完成媒体任务吗?
4. 有些人认为其实我们多任务工作时并没有同时做多个任务,我们只是在不同任务之间跳来跳去。你同意还是不同意这种看法?

新方式是怎样改变着写作的?

也许我们偶尔看到人们都在写作,从棒球赛到购物中心的食品区,从慢跑小路到自助洗衣店等。对来自我们社交网络中的信息进行读写几乎已经渗透到我们醒着的每时每刻。有些人认为这是联系家庭和朋友的好方式,其他人认为这侵扰了英语语言并对其有潜在的侵蚀作用。至少这种情形已经到了需要进行讨论的地步,为了研究需要高度精简甚至是代码式的写作方式的优缺点,如短信和微博,我组织了一个著名的作诗活动。

随机短语诗

1. 给每个学生一个 3×5 英寸大小的索引卡。
2. 让每位学生随便在卡上写下一句话,这个句子中的字符数不能超过 140。
3. 把所有的卡片收上来。
4. 以任意顺序大声朗读卡片。
5. 告诉学生们他们刚刚创作了"随机短语诗"。

(注:可以用另一方式来做这个活动,让学生评论他们正在做的事情,如发微博,但这样做的缺点就是大家都会以各种方式写下"我在3×5的索引卡上写作"。)

资料来源:改编自 Koch, 1970。

要思考的问题

1. 随机短语诗中有没有何种倾向或主题?
2. 你觉得 140 字符的限制怎样?
3. 你会根据长度改编你想说的话吗?
4. 把这种经验和你在校外的交流方式加以联系。短信改变了你使用语言的方式吗?如果是,那是怎样改变的?
5. 短信对你的写作有影响吗?

> **短信**
> 短信"texting"这个词是"text messaging"的缩写形式——那些用来和同事、朋友交流而被输入手机里的简短信息。因为使用的键盘太小不好输入完整的词,许多人就用英语单词的缩写形式加上表情符号或象征符合来交流思想。

完成这个活动之后,学生们觉得随机短语诗非常有趣,他们惊奇地发现虽然这些短语被随意写出竟然能组成诗句。我们很快进入了另一个讨论:对短小的微博、短信这样的媒体和社交网络所允许的和接受的内容进行讨论。这时,我们开始读世界各地正在创作的小说,但主要是日本的手机小说。这种形式为何有如此大的吸引力以至于人们在自己的婚礼及其他重大人生事件中还不断发微博呢?学生们使用短信的频率大小不等,有的每月几千条,有少部分学生却连手机都没有。当我们开始辩论短信语言是否应该作为一种值得学习的交流方式在英语教室里被教授时,大家讨论得非常激烈。

停下来反思

做了上面的许多活动之后,我们休息一下,来反思这些活动。根据多年来从学生那里得到的对新读写活动的反馈,我注意到了他们评论中的一些趋势。

教与学的新天地

学生们喜欢对在多模态课堂中的学习者有什么样的体验进行反思,尤其是那些就要进入教学领域工作的学生。学生们曾说过这样的话"这些活动比传统的打字作业更能让人自由表达","这是传统课堂作业的一个进步,虽然开始时我们很难琢磨出你想让我们做什么"。另一位学生说:"要记住的重要一点就是人们喜欢有多种选择。这些活动对于喜欢选择的人来说就非常好。"

这些作业似乎为我的学生的教与学创造了新空间。

这些活动的一个要素就是他们的参与性,这体现了新型读写课堂的一个特征，因为新型读写课堂是学生参与的空间，在此学生汇报说自己达到了一种"流动"的状态。

明迪说："这些活动有助于学生（即使在大学）学得既有兴趣又开心。我们可以把这些体验带进我们自己的课堂。"

"我一定会在某天我自己的课堂里使用这些活动，"戴安说，"它们可以让学生更加有创意地表达，我相信学生肯定很喜欢。这样的课给学生很多变化并使他们一直都全心投入。"

莎伦说："新读写体验允许学生通过新途径和读写互动。"娜丁（Nadine）思考了"读写"的含义后说："用更广阔的思维看待读写及怎样把读写融进课堂，我们必须能够让我们的思维超越传统的打印文本。"我不知道在上我的课之前，娜丁和莎伦是否会这样说，但愿她们现在可以"光说不干"，但等到过了近一年的时间之后她们有了自己的中学教室时，我希望她们会"说做就做"。

教授这些活动的经验可以追溯到我当高中英语教师的年代。当时我惊奇地发现学生对老的无声影片作出那样的反应，就采取了这种教学模式，并沿用至今。孩子们教会了我什么是重要的，不管是在那时还是在现在，并且我一直在努力追赶他们（同时也在引导他们）。本章中描述的教学经验告诉我，这和科技无关，在没有网络的时代，甚至没有 Apple 2E 时代也有新型读写！

我知道我得继续努力"说做就做"，虽然这些事情会把我带到意想不到的境地。我也知道，我要成为个人学习网（Personal Learning Network，PLN）的一部分，并常回到那里看看有远见的教师都在做的新鲜事。即使我不能再像 2003 年那样亲自去斯诺莱克，但我可以在虚拟世界中再次去那里。这一次，我开始更积极地使用网络 2.0、微博和 Ning 与世界各地的伟大教育家互动，我的访问可以一直持续下去并不断有对话，这将成为我日常生活会话的一部分。

业内的一条博客帖子

　　最大的缺点就是使用部分科技需要花费时间和精力。作为刚刚从教的教师，我第一年的教案大部分都是新教案——我不能像老教师那样把教案修改一下就可以发到网上，因此，我一边上网查找有用资源一边努力设计我的每一单元、每一次课、每一段学期的教案。因此在我执教第一年里，在安排教学时间时，科技就暂时不考虑了。另一方面，我有几节课的结构是围绕如博客或维基网络探索展开的，这又引出了一些更加有趣和活跃的课堂。此外，我认为使用科技有助于使我真正成为教师——它使我得到了一点点认可，即来自那些关注网络世界的学生和那些老教师的一点点认可，这些教师至少看起来稍微注意到科技确实在起作用。有些教师认为科技将取代教师的武器，但到目前为止，我至少已经向一位教师证明事情不会如此。

卡西·诺依曼（Cassie Neumann）

英语、戏剧和媒体教师

俄亥俄州 布伦瑞克

布伦瑞克高中

第七章
英语语言学习者（ELLs）为什么使用网络 2.0 工具 ①

洛里·兰格·德·拉米雷斯

介 绍

网络 2.0 工具在各个学校越来越普及。随着"读"的网络变成了"读/写"的网络，教师们发现了让精通科技的学生参与到基于电脑的教学活动的新途径。把学生的作品发布到互联网上就是一个为课堂作业提供全球的权威读者的方式。当学生们为更广大的更国际化的观众写作或说话时，他们更加注重修饰自己的作品，对自己写的内容也更加深入地思考，更仔细地考虑文化标准。这些益处不但有助于增强学生的技巧，更重要的是它们对那些在校刚开始习得并不断提高自己英语水平的英语语言学习者有重大帮助。

在校的英语语言学习者：要考虑的挑战

美国国家英语语言习得和语言教学教育计划信息中心显示：

据各州汇报的数据，约有 5,119,561 名英语学习者在 2004—2005 学年在公立学校（学前班至 12 年级）注册。这个数字大约占公立注册生的 10.5%，比 1994—1995 年上报的公立学校 ELLs 注册生增加了 56.2%。在各州中，加州的公立

---

① 复印自：Lori Langer de Ramirez. *Empower English language Learners With Tools From the Web*. Thousand Oaks, CA: Corwin.www.corwin.com.

学校注册的ELLs最多，达到1,591,525人，其次是德克萨斯州（684,007,007），佛罗里达州（299,346），纽约（203,583），伊利诺斯州（192,764）和亚利桑那州（155,789）。

不管你是非母语英语课（ESL）教师还是其他科目的教师，你的班里肯定有英语语言学习者。这些渴望学习的学生面临着学习新语言和新文化的挑战，同时他们还要学习如科学、数学、英语语言艺术、美术、音乐、体育和健康课程。这是一个非常令人望而生畏的任务——即使对于那些学习最好、接受了系统学校教育并且在自己的第一语言方面有很好的读写能力的学生来说也是如此。

据教育研究者吉姆·康明斯（Jim Cummins，1979）称，英语语言学习者在接触英语的前两年获得基本的人际交流技巧（BICS）——也被称为社交语言。这种语言用于个人对话、表达思想、寻求信息和表达需求。然而，要获得学术语言认知能力（CALP）——又被称作学术语言，却需要5~7年的时间。CALP是课本的、课堂教育的、论文的、教育视频的语言。它是学生在以英语语言为媒介的学校里在学术生活中取得成功所必需的（Cummins，1979）。

在思考BICS和CALP时，把自己假设成一名在菲律宾上公立学校的少年，这也许会对你很有启发。你很有可能在学习塔加拉族语的重要字、词时学得很快，然而要学会用塔加拉族语写一篇论证严密的有关菲律宾热带雨林历史的论文却要花费比这长很多的时间（一个更有挑战性的场景就是把菲律宾换成泰国，在那里不管语言还是书写用的字母都不一样）。

因此，时间是关键，不过我们的英语语言学习者在这两方面都等不起。他们必须一边学其他科目一边学英语。他们并没有享受到先获得学术语言认知能力（CALP）再上其他科目的课的待遇。这种边学习英语边取得学业成功——不是连续的而是同步的，挑战确实让人生畏，但这在美国各地的学校却非常普遍。

为什么英语语言学习者要使用网络 2.0？

　　时间是一位英语语言学习者在校能够得到的最好礼物。但时间恰恰是我们所不能给的，因此我们必须想出在课堂之外扩展英语语言习得的途径和能使学生学习效果最大化的途径。网络 2.0 可以给学生提供这样的额外机会，使他们在家里或当地图书馆里舒服地做一些有意义的英语习得任务。基于接受水平，他们可以使用博客来增加听的练习或者在 YouTube 上看一段教育视频。但想让学生在网上完成、创造或共享自己的作品时，网络 2.0 最有效。通过这种方式，他们变成了积极的学习者，为全球观众推敲意义、创造媒体。例如，学生可以和同学在网上虚拟"见面"，在维基网上合作完成任务。他们还可以自己创建博客条目、视频，或评论同学的作品——这一切都可以在学校一天的教学活动结束之后实现。

　　尤其是对于刚学英语的学习者来说，基于网络的平台可以提供一个更加安全、更加隐蔽的空间来练习英语。英语初学者可能在教室里说英语、面对面和同学分享自己的写作、向一大群人展示自己的作业时比较谨慎、惴惴不安。这种不情愿部分源于不安全感和害怕犯错，这常常和正在学习新语言但还没准备好独立输出语言的学生所处的"沉默期"同时发生。网络 2.0 工具对于这种语言习得的初期阶段尤为有利，因为网络 2.0 工具可以在一种受控的环境下给学生输出语言的机会，这使得英语语言学习者可以掌控语言。如果他们在创建视频或音频文件时，他们可以先联系、录制并再录制，直到他们满意为止。如果在使用维基，他们可以在舒服的没有威胁的网络环境中、在更有实力的同龄人的帮助下共同创作工作。像 Teen Second Life 这样的虚拟世界可以给学生提供一个匿名的空间，在这里他们可以与他人见面、对话、犯错误——而不用面对面这样做。网络 2.0 工具允许错误，并且当学生在网络空间练习新语言时给学生提供保护面子的途径。

　　网络 2.0 工具还有一样好处，即它们帮助甚至教导学生成为知识创新者而不仅仅成为知识的接受者。根据"21世纪的合作技巧",学生应该脱离公立教育体验,他们不仅有消耗知识的能力还要有创造知识的能力,这一点很重要。这种创造知识的行为已经从一个人的努力变成了与来自全世界拥有不同文化的人们一起合作。

在教室里使用网络2.0工具可以让学生参与有助于提高解决问题能力的活动,因为他们不仅要找到信息,还要判断信息的准确性和价值。随着读、写网络的出现,任何人都可以创作语言材料。这种网络的民主化导致了知识的剧增——但并不是所有的知识都是可靠的。媒体素养——在过去主要集中在电视和打印媒体——如今包括网络和网上激增的信息和材料。因为英语语言学习者仅仅刚刚开始习得稍有难度的语言,例如习惯用语,他们特别容易受到广告和其他媒体的伤害,因为它们常常使用这种类型的语言说服观众。现在比以往任何时候都要求我们的学生更加批判地对待那些一点鼠标就可以使用的材料。

有关网络2.0工具对英语语言学习者有益的证据很多,但也许最令人信服的证据就是我们教师常常低估的那个:互联网很有趣!科技的使用和英语学习者及在某个技巧领域的动机和/或技巧提升之间联系上的研究有着坚实的基础。约翰斯和托瑞兹(Johns & Torrez)在2001年的一项研究发现"新科技给第二语言学习者提供了许多可能"(P11)。Svedkauskaite, Reza-Hernandez 和 Clifford (2003) 也发现:

科技的角色已经从辅助作用转到在推进学习过程中发挥作用。它可以提供一个有弹性的学习环境,在这个环境中,学生可以真正探索并专心投入。例如超媒体[①]就可以独立解决流利水平、内容知识、学生动机、兴趣这些问题,它还允许包含英语水平有限的(LEP)学生,这样学生就可以监控自己的理解力、语言输出及行为("成功 LEP 学习者的框架"部分,见第四段)。

更近期的有关网络2.0在教室里使用的研究表明使用科技受到学生的赞赏

---

① 超媒体是一种以计算机为基础的利用文字、图形、动画、声音和视频传送和显示信息的方法。这些文字等超媒体的组成元素既可以与其他文件连接,又可以作为单个对象被处理。

(Stanley，2006)、与更大的动机关联（Goodwin-Jones，2005）、像博客这样的工具可以提高学生的写作（Thorne & Payne，2005）。

学生们带着与科技之间既有的良好关系来到我们这里，他们有自己的"我的空间"和"脸谱"账户并常去浏览，读、写博客，在 Youtube 上创建并观看视频，录制并播放音乐。他们与这些平台的关系令人兴奋的一面是：他们不仅使用、消费还创建、编辑、通过网络和同学及其他人共享作品——他们是在无人要求的情况下自觉这么做的！网络 2.0 已为学生所熟知和喜爱，还有什么其他办法更能激发他们的学习动机、兴趣，并和他们密切相关呢？

帮助英语语言学习者为 21 世纪做好准备

在公立学校的英语语言学习者不仅面临着学习新语言和难度逐渐加深的各个科目内容（即科学、数学、社会研究），还面临着如何在 21 世纪的全球化社会里成为一个成功的公民；此外，学生们还得熟练应用一些最重要的科技。如以前一样，在各科领域中掌握基本的核心知识和技巧仍然重要，但这已经不够用。根据丹尼尔·平克（Daniel Pink）这样的理论学家和"21 世纪技巧的合作"（www.21stcenturyskills.org）这样的组织所说，学生需要发展其他技巧，如跨文化交流、批判思维、创造与创新技巧。"21 世纪技巧的合作"是专注于把这些重要的新技巧融入教学的领先倡导组织。这个组织把商业界、教育界领导及政策制定者召集到一起来界定一个强大的 21 世纪教育愿景，这样做的目的是通过提供工具和资源来帮助和促进变革，使每个学生都成为 21 世纪成功的市民和工人。如图 7.1 所示，"21 世纪技巧的合作"用一座彩虹图来象征这些技巧，其中重要技巧列在了彩虹部分，支持系统列在了水池部分。

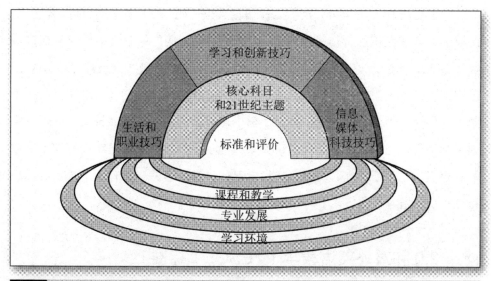

图 7.1 21世纪技巧合作彩虹

资料来源:21世纪技巧合作者。

构成彩虹图像的技巧

- 核心科目和21世纪主题。
- 学习和创新技巧:
  创造和创新技巧;
  批判思维和解决问题的技巧;
  交流与合作技巧。
- 信息、媒体和科技技巧:
  信息素养;
  媒体素养;
  ICT(资讯通讯科技)素养。
- 生活和职业技巧:
  灵活性及适应性;
  积极性和自我指导;
  社会和跨文化技巧;
  生产力和责任;
  领导力和责任。

资料来源:21世纪技巧合作者。

除了与信息、媒体和科技明显密切相关外，网络 2.0 工具还可以为学生提供以独特方式交流和合作（技巧 2）的真正机会。例如维基百科让学生通过多媒体形式做有意义的事情来培养学生的创造能力和创新能力（技巧 3）。学生不仅使用书面语还用自己独特的创新方式使用音频、视频和图像。维基百科还为学生提供一个平台，通过这个平台，学生可以共同创作文章或论文、同伴评审项目和报告、把他们的思想传递给大众。为了更好地反映自己对任何指定话题的观点，学生不断设计、编辑、建设自己的维基，这些当然有助于学生展示积极性和自我指导（技巧 4）。

网络 2.0 和对外英语教学（TESOL）标准

网络 2.0 工具还可以直接、深刻地和 TESOL 国家标准联系。下面是 TESOL 国家标准列表，附有相应的网络 2.0 工具和活动举例（表 7.1）。

表 7.1　TESOL 国家标准列表及活动举例	
目标 1：使用英语在社交场合交流	
标准 1	学生使用英语参与社交互动。 例如：写博客分享有关喜爱的音乐、家庭和兴趣。
标准 2	学生将会用、通过、借助英语口语和书面语互动，进行个人表达和享受。 例如：在脸谱网或我的空间账户中公布有关自己的信息。
标准 3	学生将会使用学习策略来扩展他们的交际能力。 例如：在 VoiceThread[①] 或博客上评论朋友的照片。
目标 2：用英语在所有内容领域取得学术成绩	
标准 1	学生使用英语在教室里互动。 例如：就某一内容领域的特定主题创建一个班级／小组播客[②]（podcast）。

---

① VoiceThread 是由北卡罗莱纳州立大学开发的一款应用软件。它是能将多种媒体文件，如文本、图像、声音、视频整合于一体的媒体聚合器，其丰富的评论方式为教学提供了新思路。
② "播客"又被称作"有声博客"，是 podcast 的中文直译。用户可以利用"播客"将自己制作的"广播节目"上传到网上与广大网友分享。"播客"（podcasting）这个词源自苹果电脑的"iPod"与"广播"（broadcast）的合成词 podcasting，与其他音频内容传送的区别在于其订阅模式，它使用 RSS 2.0 文件格式传送信息。该技术允许个人进行创建与发布，这种新的传播方式使得人人可以说出他们想说的话。

续 表

	目标2：用英语在所有内容领域取得学术成绩
标准2	学生用英语来获得、加工、构建和提供口语或书面语形式的主题信息。 例如：研究某一主题并把相关网页共享在一个社群书签①网站上。
标准3	学生使用正确的学习策略来创建和应用学术知识。 例如：针对某一特定领域主题共同创建一个小组维基。
	目标3：在社交和文化方面能够正确使用英语的方式
标准1	学生要根据听众、目的、场景使用合适的语言变体②、语域③、语言流派。 例如：创建一个可以在校广播台或校网站播放的播客。
标准2	学生要根据听众、目的、场景使用正确的非语言交际。 例如：拍摄一个视频发布到YouTube上，或在学校里播出。
标准3	学生要使用正确的学习策略拓展自己的社会语言能力和社会文化能力。 例如：在播客和维基中分享评论，给VoiceThread上的图片添加评论。

TESOL 也为学生和教师制定了科技标准。学生的科技标准如下，并附有相关的学生活动或项目（表7.2）。

表7.2 学生的科技标准及活动举例

	目标1：语言学习者显示出在多语言世界中科技方面的基础知识和基本技能
标准1	语言学习者显示出使用各种科技工具和网络浏览器的基本操作技能。 例如：使用微软 Word 软件写论文，使用微软的 Publisher 软件创建小册子或书，使用微软 Excel 软件组织和分析数据，或用谷歌（Google）搜索信息。
标准2	语言学习者能够使用接触到的输入和输出工具（例如，键盘、鼠标、打印机、耳机、麦克风、媒体播放器、电子白板）。 例如：使用耳机和麦克风录制新闻广播或制作播客，打印作品，在交互电子白板上创作学生展示。

---

① 社群书签（social bookmark）不同于传统搜索引擎的集中分化分类方式，此机制可以让使用者自行定义网站的关键字（标签）作为分类，并利用与其他网友的互动过程，赋予该资讯新的意义价值。例如，使用者将某个网站加入书签后，可通过自己定义的任何一组标签进一步连接到其他使用相同标签的网站，并可将这些网站内容加以收藏、评论，再定义自己的标签。
② 人们表达思维的目的不同，所采用的语言方式也不同，从而产生了不同的语言变体(language variety)，亦即各具特点的语体，如文学、艺术、科技、新闻、广告、外交、贸易、合同、公文、契约等。
③ 语域由话语范围、话语方式和话语基调三要素构成，随交际情景的变化而变化，特定情景中的人物有其独特的语域选择及变异规律。

续表

	目标1：语言学习者显示出在多语言世界中科技方面的基础知识和基本技能
标准3	语言学习者在使用网上资源或进行电子交流时采取适当的安全措施。 例如：集体动脑筋并制定出教室里安全使用网络2.0工具的指南，发送电子邮件时确保个人信息安全。
标准4	语言学习者显示出使用科技的基本能力。 例如：知道怎样在Google上找出信息或怎样在KiwiHow上找到问题答案。
	目标2：语言学习者在社交、文化、法律和道德方面合理使用科技
标准1	语言学习者明白交流习惯在不同文化、不同社群、不同语境下各不相同。 例如：比较世界各地的文本语言的异同，使用Skype[①]来理解不同的手势和问候。
标准2	语言学习者在使用个人和公共信息时显示出对他人的尊重。 例如：创建语音聊天形象Voki作为自己的虚拟身份，在电子邮件和脸谱网中不暴露自己的住址和其他敏感私人信息。
	目标3：语言学习者有效使用和批判性地评价以科技为基础的工具在帮助自己发展作为正式教育和继续学习的一部分语言学习能力中的作用
标准1	语言学习者有效地使用和评价可用的以科技为基础的生产工具。 例如：使用微软Word软件写散文或诗歌，用Excel制作电子数据表，在谷歌文档（GoogleDocs）上发表文档，在书签网站Diigo上查找并保存书签。
标准2	语言学习者合理使用和评价以科技为基础的语言技巧积累软件。 例如：使用英语播客（EnglishPod）这样的播客软件练习发音，在YouTube上观看视频来观察非语言交流。
标准3	语言学习者正确使用和评价可用来交流和合作的以科技为基础的工具。 例如：利用维基百科做小组项目，在博客里发评论帖子，使用网络电话演习课堂展示。
标准4	语言学习者正确使用并评价以科技为基础的研究工具。 例如：使用维基百科查找关于某一主题的必要信息，核查网络以决定是否有效。
标准5	语言使用者认识到科技的价值：可用科技来支持自主学习、终生学习、创造、元认知[②]、合作、个性追求和输出。 例如：使用各种网络2.0工具创建并分享学校和个人信息。

---

① 元认知是个体对自己认识的心理过程和后来监督、调整、指导自己达到一个预期的目的能力。
② Skype是免费的全球语音沟通软件。用Skype可以与全球两亿好友进行免费的文字、语音、视频交流，开展电话会议，快速传送文件。

把网络 2.0 融合进 ESL 和主流课程将会使学生和教师都自然地和上述 TESOL 科技标准发生联系。网络 2.0 工具可以帮助教师发展和维持科技技巧，同时学习提高学生学习的途径。这些工具在方便教师记录和便于与学生沟通的同时，可以让教师提供更频繁、更有意义的反馈。

安全问题与网络

在我们结束讨论英语学习者应该使用网络 2.0 工具之前，我们应该解决把网络 2.0 工具融进学校课程的一个最大挑战：安全问题。在共享学生身份和把个人信息上传网上方面有是否合法的担忧。然而，基于那些有关网络跟踪者的耸人听闻的媒体报道和有关其他偶发事件的报道引起了人们的恐慌，这就会导致学校远离网络 2.0 工具所具有的强大潜力。安全连接组织（ConnectSafely.Org[①]）称，"科技恐惧"有破坏力，因为它们：

- 导致学校害怕并封锁数字媒体，而学校正处在需要在整个课程中教授建设性地使用媒体、应用社会技术工具，教授新媒体读写能力及公民教育的时期。
- 使学校阻碍而不是帮助青年人建设性地使用科技。
- 通过隔离或禁止将科技运用于教育并阻碍一批最有生气、最有创造力的教师发挥潜力，使得学校和使用社会科技的活跃年轻人之间的距离加大。
- 减少美国教育在那些已经在学校里有效采用教育科技和社会媒体的发达国家中的竞争力。
- 减少美国在担心年轻人上网安全的领域实践企业法人的科技竞争力和媒体界的竞争力。
- 加剧年轻人参与的差距——科技恐惧阻碍孩子们和青少年全面地、建设

[①] Facebook 新的安全咨询委员会中的五家组织之一，这五个组织分别为常识媒体（Common Sense Media）、安全连接（ConnectSafely）、有线安全（WiredSafety）、国际儿童网（Childnet International）和家庭在线安全协会（Family Online Safety Institute）。

性地参与分享文化和民主制。

每个学区在学生（和教师）使用与学校作业相关的互联网上应该达成共识。例如，大部分学区都有政策详细规定了什么可以上传到学校网页、学生的哪些信息可以在网上共享以及学生怎样在上学日使用网络和利用网络写家庭作业。请咨询你们学校的技术专员有关你们学校的政策。

不管你们学校关于正确使用网络2.0工具的规章制度如何，总有让学生既安全又快乐的上网途径。例如，一些学校选择仅仅允许学生在自己的博客和维基百科上公布自己的名加上姓的缩写；其他学校公布学生的视频和照片时，不列出人名。一些学校因为学生容易接触不适当的视频而禁用如YouTube这样的网站，其他学校则赞同使用YouTube并赞同教给学生们如何安全浏览网页。不同的规章适用于不同的情况。在和你的学生使用网络2.0工具之前，了解你们学校的政策很重要。如果你们学校还没有适当的政策，那你就主动组建委员会制定这些政策吧。（在教室2.0网站查看有关"可接受的使用政策"的讨论网址：http://www.classroom20.com/forum/topic/listForTag?tag=aup。）

随着这些科技在公立学校被普遍使用，学校必须建立一套清晰而全面的规章，让学生和教师在互联网上工作时感到放心和得到支持。要看更详细的信息，请下载并阅读这个优秀的出版物：《提高孩子安全和上网科技》（*Enhancing Child Safety and Online Technologies*），这是国际网络安全技术工作小组向美国州检察长社会网络多州工作组提交的总结报告（网址：http://cyber.law.harvard.edu/pubrelease/isttf/）。

第八章
合作教学法中的教学评价[1]

马克·普伦斯基

> **导读问题**
> 1. 一般而言，教学评价的作用是什么？在合作教学法中，教学评价的作用是什么？
> 2. 哪种评价对于合作学习的学生来说最有效？
> 3. 在教育进程中，我们怎样才能评价所有教育参与者的进步？

既然我们要评价合作学习的学生，那我们就先后退一步，用一分钟的时间思考一下评价的目的。我们如今作的大部分评价都是为了分类和对比。也就是说，测试让我们根据谁"领先"和谁"落后"给个人、学校，甚至是国家排名。这种排名的依据几乎总是班级、社会群体、城市等的平均分。

对于经理和政客来说，这种对比是好事。他们希望看到平均分有提升，他们希望看到排名落后的学校能够在名次上有所提高，他们希望看到学生每年都有大的进步。对于招生官（不管是学校招生、部队招兵，还是工作招聘）来说，这种对比也是好事。事实上，这种标准化测试在第一次世界大战的军队中就开始了。

但这真的对学生个体有帮助吗？据我判断这没有帮助——至少不是直接的帮助。学生个体真正关心的（或应该关心的）不是她的或他的班级是否有提高，也不是她或他相对班里其他人来说是否有提高。学生个体关心的是下列问题的

---

[1] 本章重印自：Marc Prensky. Teaching Digital Natives: Partnering for Real Learning. Thousand Oaks, CA: Corwin. www.corwin.com.

答案：我自己进步了吗？我在学习吗？我的技巧提高了吗？我为我的未来做好充分准备了吗？我现在应该致力于什么？

有用的评价

不仅仅是总结性评价和形成性评价

我们通常谈论的评价种类有总结性评价和形成性评价。总结性评价就只包括试卷上的分数而没有其他的反馈，这种评价用来排名和对比。也许在某些方面这是有用的，但对学生来说却没有作用，它只不过是自我提升的助推器（或是自我平减器，并且常常如此）。

另一种更加有效的评价就是形成性评价。这种评价带有反馈，评价的目的是帮助学生进步。形成性评价包括含有评语的论文和试卷。学校里的大部分形成性评价存在的问题是反馈来得太晚，即反馈因离学生创作和作决定的时刻太远而作用有限。因此，尽管教师常常艰辛地努力判作业和试卷，之后再把这些还给学生，这些反馈也不能真正帮助学生提高。因为只有在反馈真正被读、被思考并被执行时，评价才是真正意义上的"形成性"评价。

自比性评价

然而，还有其他有效的评价类型。其中一个就是自比性评价，即战胜自己。例如，自比性评价常用在体育运动中，没人给你打数字分数或字母分数（除非在个别比赛中），在这里重要的是你自己的成绩。提高就是：做得更好——跑得更快、投篮得更多的分数或在其他的运动中做得更好。人们仔细计算增幅。人们努力在自己最好的记录时间上再减去十分之一秒或百分之一秒。个人发挥的数据和记录都被仔细保存（如棒球的击球率或投手的防御率）。

我们学校里确实也有自比性评价，而这仅限于"提高你的分数"和"下次测试考得好些"。不幸的是我们很少把水平的发挥看作个人的技巧，虽然一些教师、学校和成绩单里已经开始这样做。采用合作教学法的教师应该更多地采用自比性评价，就像大型视频游戏那样——告诉玩家他们要熟练掌握的各种不同技巧，并随着玩家的升级不断准确告诉他们正处在各级的什么位置。

同伴评价

另一种有效的评价就是同伴评价，这种评价是指让一群同学或让身在他处的一群伙伴评价学生们的作品。同伴评价有两重意义：一如果做得好，同伴评价会让学生觉得自己的作品真的有观众，并且这些观众（即同伴）在乎自己的作品；二同伴评价会让学生欣赏同伴或同学的作品，因为他们自己的作品和同伴或同学的作品相关。

数字科技使同伴评价更加容易。对于今天的学生来说，发布到网上的作品和线上作品集非常适合同伴评价。学生可以看见同学（或身在他处的伙伴们）的作品并给出反馈。通过把作品公布在网上——博客、视频网站 YouTube，或其他共享网站上——学生很容易邀请其他同学进行评论。因为评论可以公开，这使同伴评价的意义远远超过传统的"把论文和自己的同桌互换"。

> **查查看!**
> 这是同伴评价的一些资源：
> www.tnellen.com/cybereng/38.html
> www.tnellen.com/cybereng/peer.html

真实世界的评价

当我们把"同伴"的概念全球化时，来自不同学校、城市和国家的学生针对我们合作学习班级的网上作品给出反馈，这样的反馈和评价就变得"真实"化。学生们欢迎这样的世界性反馈并且自己主动去寻求这样的反馈。博客帖子可以受到来自各地的人们的评论，并且学生可以看到每个帖子有多少条评论。当学生制作了一个技术指引视频并把它上传到网上，得到的反馈就是对他们学习的最好评价，并且同样重要的是这样做增加了别人可用的视频资源。许多学生把自己正在萌发的语言技巧共享到视频网 YouTube 上供大家点评。

一种在商业界常用的"真实世界的评价"就是"360°"评价，在此，一个人的作品不仅受到她或他的老板、同伴的评价，还受到她或他的手下人的评价。如果教师接受这样的评价，教师每年不仅会受到行政领导的评价，还会受到同事和学生的评价。

长久以来应用"真实世界的评价"并取得巨大成就的两个领域就是室内设计和建筑。这两个领域的教育活动通常都有定期举行的评论会（有时称作专家研讨会），在此，不管是学生还是教师，每一个人都要就每位学生的作品发表意见，重点是建设性的反馈。通过定期进行这样的评论（和定期接受这样的评论），学生学会了更好地评价别人的作品，同时本着互相尊重和提高作品质量的精神接受别人对自己作品的评论。在更多的课堂中使用这种评价不仅会使学生受益也会使教师受益。

许多教师已经发现：学生们知道自己在为真实观众（并且会收到真实的反馈和评价）写作或创作时会激发学生提高自己的作品质量。

> **查查看!**
> 学生评价指南可以在此找到：
> http://artsedge.kennedy-center.org/content/3338/。

自我评价

我要讨论的最后一种有效的评价就是自我评价，我认为这种评价是迄今为止最重要的评价。但不幸的是，这种评价在我们的课堂中使用最少。自我评价很重要是因为它正是我们今天的学生所需要的，并且学生会在自己今后的生活中不断使用这种评价来控制自己的行为。也许在未来的工作中他们总会得到评价，但他们最需要的却是对自己说（就如我们所做的或应该做的那样）："这是我的弱点，我怎样才能提高呢？"我们帮学生越早知道什么时候进行和怎样独立进行自我评价，学生就会变得越好。如果他们仅仅依赖于自己的教师或其他人作为自己进步的裁判，他们在今后的生活中就不会知道怎样评价和提高自己。

用学生自己的工具评价学生

在合作学习的评价中，还有一件事需要考虑：日益需要用学生的工具来评价合作学习的学生。这意味着在评价他们时，他们可以使用随身携带的并且很可能在每日学习中都用的工具：计算器、电脑和手机。在21世纪，学生使用这些数字工具的机会越来越多，并且把这些工具融进学习过程的机会也会增加，因此评价学生时，禁用这些工具就显得没有意义。你能想象让一名医生做心脏检查而不让他或她使用听诊器吗？

大多数的数学教师最终都明白计算器和电脑的价值——一旦学生学会正确使用它们——确实可以提高学生的数学计算能力。在评价中允许学生使用这些工具的一个好处就是它使得学生和教师都关注我们为什么计算和怎样计算的本质，而不仅仅关注识记和机械计算法。虽然在有些测试中这些工具仍然不能用，但改变的趋势已经明显。

对这些工具态度的变化也出现在其他科目中。教师越来越允许学生们在测验和考试中使用电脑和/或手机。如果考试的内容是学生很容易在这些工具上查找的事实数据，这种考试会显得奇怪或没有意义（除非人人机会均等，并且考试考察的是速度或效率），尽管如此，如果考试的内容是从网上搜集数据和事实、得出结论和论证结论，数字工具应该可以提高学生展示自己理解程度的能力（但愿，这就是我们正在考试中所考的）。

很显然，既然已经发生了这样的变化，就有必要对目前的"作弊"重新定义，允许学生使用这些工具并对它们的合理使用加以定义。但这并不是坏事也不是新鲜事。在许多大专院校和高中，在某些考试中多年前便允许使用工具——所谓的"开卷考试"，这使得这种考试成了标准化操作流程。那么就像一些学校已经开始做的那样，为什么不进行"开放手机"考试呢？

> **合作提示**
>
> 想想哪些情况下可以让学生在使用工具的情况下对他们进行评价，这也许是一个好主意。问问你的学生们这个问题吧。他们赞同这样做吗？他们会怎样处理产生的各种问题呢？
>
> 你和你的学生们觉得"开放手机"考试怎样呢？（还记得我提到的一位学生吗？在我的一次课上陈述中，一位高中高年级学生告诉我"我们的大部分测试已经是'开放手机'考试——你们这些人却还不知道！"）想想你和你的合作学习的学生们可以在这个领域做哪些实验？试试在你的每个班里设计并进行一次"开放手机"考试。就考试的结果和学生们讨论，之后重考一次让考试变得更有效。

评价学生的进步

因此，在合作学习中，评估学生最好的办法就是：

- 给学生必要的、有帮助的反馈（正式的）；
- 鼓励他们不断做得更好（自比的）；
- 给他们提供来自其他学生的反馈（同伴的）；
- 给他们提供包括来自全球观众的评价（真实世界的）；
- 让他们明白自己的进步（自我评价的）；
- 允许他们使用自己的工具（21世纪的）；
- 因为我们不得不这样做，可以使用标准化考试以让外面世界的人满意（总结性的）。

解决评价恐惧

教师和行政管理人员（及家长）经常表达的对合作学习和评价的最大恐惧就是用这种新方式学习的学生不能在现在的标准化考试中考出好成绩。第二大相关的恐惧就是学生在合作学习中所做的新的不同事情和正在习得的技巧，因为不对其进行测验而不计入考核。

第一种恐惧是不当的，第二种恐惧至少部分是真实的，对于这个顾虑我们能够并且应该有所作为。

我说第一种恐惧是不当的是因为那些和我谈过话的知情者都说出了与之相反的答案。我听许多教师和校长（他们许多来自合作学习流行的特许学校）说事实上进行合作学习的学生在考试中考得更好，因为这样的学生对学习更加投入。我不知道是否有人已经对此系统地、定量地搜集了数据，不过对此应该尝试一下（有一个常被忽略的警告——定量数据很容易会被操纵以支持某人的观点）。

但是，担心重要技巧不被考量是有道理的，因为这些技巧确实没有被考量过。我们需要升级并扩展我们的所有合作学习评估系统，把更多的基于技巧的学习包括进去。像"21世纪技巧的合作"（www.21stcenturyskills.org）这样的组织正在努力找出测量和评价这些各种各样的技巧的途径，所有的合作学习教师应该注意到他们和其他人的这种努力。

评价教师的进步

我已经提过那些对自己的合作技巧进行自我评估的教师，即他们自己找出在合作连续体（或进步直线上）前进到的位置。既然我们大家现在都像我一样相信自我评价是最好和最重要的一种评价，我们可以这样认为：每位合作学习的教师每年至少应根据合作标准进行自我评价。不过很重要的是当然要让行政人员，最好是让学生和家长也知道教师的自我评价，目的是为了让这种自我评价和别人的评价相一致，即与合作学习的学生的评价一致。

设想一下，我们可以通过一套颜色系统（最好是没有其他含义，不会引起争议）或其他象征符号来标出人们的进步程度。因此我们可以把这六个合作层次称作赤、橙、黄、绿、蓝、靛，教师和学生正努力"跨越彩虹"朝着"难以到达的紫色"前进。教师和学生都可以呈现出这些颜色，当他们移向另一层次的时候就会被看出来。

颜色和公共知识的另一作用就是那些在合作学习的前进路上走得比较远的人可以很容易地找到并帮助那些走得不那么远的人。这种结伴制学生自愿采用最好，但如果进步很慢，慢得令人难以接受时，也可以强制执行这种结伴制。

当然了，在这种合作学习的标线上前进不能等同于成为一名"好"教师，这一点很重要。使一个人成为好教师的品质有很多，合作学习的能力虽然很重要却仅仅是众多品质中的一个。还有许多其他重要的品质，其中包括对学生的移情（即喜欢孩子）、个人专业领域的知识、热情、知识的更新、理解和应对所有相关群体（同事、行政人员和家长）的能力。一位教师可能拥有许多这样的品质，但拥有所有这些品质需要专心和努力。这很像打高尔夫球——一位职业高尔夫球手若想赢得几个主要锦标赛的胜利需要许多不同的技巧（击球、打出滚动球、打球入洞、集中注意力、在压力下作出决策）。大多数的职业教师就像大多数的职业高尔夫球手一样都是"熟练工"，即他们都远远高于非专业的人士，但他们总在不断地超越自己。

因为合作学习的技巧对学生来说特别重要，所有教师都应该积极掌握这些技巧。有人建议根据设定的前进目标和检查时的实际进步程度，把教师在合作学习连续体中的进步作为教师年度考核的一部分。是否正式这么做取决于每个学校和每个学区的具体情况，但这当然值得考虑。

评价行政人员的进步

鉴于美国教育系统的运行机制，学校行政人员如我所写，都很支持把合作学习作为一个教学目标。我经常和那些"改变信仰的"行政人员谈话——那些倾听孩子们的心声、对未来充满希望并且乐于甚至是急切朝着未来努力的人。但我也常听到那些努力实践本书中所列的许多事情的教师说，他们在独自努力朝着合作学习迈进时没有得到帮助，甚至受到自己领导的阻碍。

因此对于行政人员支持合作学习教学法作某种评价是值得的。人们当然可以问下列问题：

- 学校或学区的行政人员相信合作学习是可行的吗？
- 行政人员有共识吗？若没有，争端在哪里？
- 行政人员知道他们的每位教师在合作学习的共同体中身处哪个位置吗？
- 行政人员怎样支持合作学习？
- 行政人员怎样帮助那些期盼进行更多合作学习的教师？
- 行政人员怎样帮助持反对意见的教师转变思想？
- 行政人员怎样帮助进行合作学习的学生和学生家长？

根据上述问题的答案，人们就自然可以评估行政人员对合作学习的倾向及他们对合作学习的帮助。不过这应该由谁来做呢？这应该在整个行政体系内从学校董事会开始自上而下进行。

评价家长的进步

众所周知，家长对孩子的教育起着非常重要的作用。如今大部分家长都如我们一样置身于这个时代，他们中的许多人如我们当中的其他人一样感到困惑。所有的父母都希望给孩子提供最好的东西，包括最好的教育。但如今人们却不明白最好的教育是什么。家长们听说和看到许多有争议的教育变革正在孩子们的教室里发生，因此他们中的许多人问"为什么有这么多的变革？我的孩子要成功和上大学确实需要合作学习吗？为什么我的孩子不能接受像我过去接受的那样的教育？"这些问题并不奇怪。

帮助家长认识到如今的世界发生了多么大的改变及他们的孩子也随之发生了多么大的改变是合作学习教师的工作职责之一。合作学习的教师需要帮助家长明白要满足未来的需求（社会的需求和孩子们的需求），21世纪的学生们需要一种与父母所受教育不同的教育——即使他们的父母觉得自己受到的教育好。

合作学习的师生都需要家长的强大支持才能顺利完成工作。因此这里就家长问题，我给合作学习的教师提一些建议：

- 尽可能争取家长的参与。试着把家长也当作自己的学生，即当作你正在教育的人。一个很好的办法就是学校可以召开一个讨论合作学习工作的公开会议，你也可以为你的学生家长们召开一个这样的会议。届时，你可以邀请教师、学生、行政人员和家长到场并开展一个与观众问答互动的会议。

- 尽量使用更多的科技，用家长所说的语言和家长沟通，告诉他们你们正在做的事情。合作学习的学生可以帮忙制作一个视频短片来说明你们正在做的事情，可以通过网络（如果家长能够上网）、CD，甚至是学生的手机和大家共享。你的学生们也可以建立一个自己作业的多媒体博客或新闻通讯，然后在家（如果家里有电脑）或在图书馆向父母展示。随着数字电视的普及率越来越高，也可以利用电视来播放这些短片。

- 放心地和学生家长分享此本书的部分内容（或其他支持合作学习的书籍），尽量在学校或当地图书馆放上几本这样的书。鼓励父母阅读有关合作学习和 21 世纪学生变化及学习变革的书。

- 鼓励学生经常和父母分享他们在课堂的积极体验，鼓励学生在自己的学习激情出现时，也和父母分享。你甚至可以作为一个学习项目来模拟学生和家长的对话，并和学生讨论如果父母有反对意见，学生应该怎样回答，最有力的说服因素就是学生上学的热情。

- 在适当的时候，邀请家长或者是亲自，或者是虚拟地走进教室并加入到学生的小组中。

合作学习的学生家长清单

最后，可以考虑发给家长一份有关他们可以怎样帮助孩子并让家长自我评估自己正在怎样帮助孩子学习的清单。这个清单可以由全面自我评价等级和下列领域中的独立等级构成：

- 倾听孩子的心声；
- 帮助自己的孩子；
- 鼓励自己的孩子；
- 参加家长会及其他有关家长的活动；
- 家长通过来学校或和孩子谈话来分享自己的知识，也可以在此加入学生写出或说出的评价（或者作为一个独立的练习）。如"我希望从父母那里获得更多/更少的……"。

评价学校的进步

我们该怎样评价开展合作学习的学校呢？首先我们必须承认评论学校的标准（并且正在逐步更加标准化）不会消失并且开展合作学习的学校将会根据同样的标准受到评价。不过，这实际上是一个好消息，因为随着学校逐渐把合作学习作为常规教学法，我们可以期待看到更多的积极成果。这些成果包括以下几项。

- 考试成绩上升——当合作学习进行得当，学生将会更加开心地做他们所从事的事情；更加投入自己的学习；通过导读问题可以更加清楚地知道自己应该学习什么；自己独立或和同伴一起练习更多的技巧，因此会成为更有效的学习者。
- 可以在网上或网外发布更多高质量的学生作品，并引以为豪。
- 教师比在采用传统教学的学校里会更注重分享成功、更加共同努力。
- 师生关系更加融洽——主要是合作关系。

当合作学习实施恰当，合作学习的学校和教室都应该位居优秀之列。

评价国家的进步和世界的进步

最近有很多关于美国在教育上"落后"于其他国家的言论。我不知道自己是否完全同意这样的断言或同意所提出的一些相关解决方案。这种对比似乎基于标准化对比考试中的排名或基于美国大学或高中的不理想的毕业率。

虽然这两种措施都是有用的数据，但它们却不尽然——更糟糕的是——它们会导致对如何教育这个问题开出错误的处方。要明白为什么，就请问问自己下列问题：

- 美国（或其他国家）在2050年变得更好取决于自己的国民可以在国际考试中胜出还是取决于自己的国民精通解决问题的21世纪工具——国民们知道自己在任何情况下都可以想出该做的正确事情并把事情完成，与他人合作、正确地做并且不断做得更好？
- 美国（或其他国家）在2050年变得更好取决于自己的国民可以有九级的读写水平（假设我们会达到这样的水平，不过这是极不可能的）并且人人都至少拥有副学士学位（同上），还是取决于国民自信可以能够利用越来越复杂的数字机器做他们需要的事情（即运行某种水平的程序）并具有很高的创业精神？

上述的"落后"取决于你衡量的是什么。正如史蒂芬·约翰逊（Steven Johnson）最近在《时代周刊》（Time）发表的一篇文章中指出的那样，最近几年的几乎所有的网络创新都发生在美国。因此在一些重要领域，我们一直并将继续处于领先地位，而在其他的领域落后，如学习老一套的学校教育，但后者也许并不重要。当然这些依赖于学生会做什么而不是学生学习什么，但有一点很重要，即我们要认真面对这样的事实：我们今天被要求教授的东西可能不是学生未来所需要的东西，并且我们所教授的大部分（很可能就是帕列托法则中的80%）很显然不是学生未来所需要的。

最后，我们为什么一定要逐个地衡量每个国家的学习而不把世界作为一个整体来衡量呢？前者只会鼓励竞争和斗争而忽略和打击了 21 世纪科技如此快地赋予我们的"世界"学习。在教育领域里，我们所有人都应该相互合作，不仅为美国人努力，而且还应该为全世界的孩子们努力提高教育水平。

第三部分

安全和规章问题

第九章
规章、程序和教工约制
——向教师、学生和家长传递期盼[①]

艾梅·比森尼特

在一所中学里有一个零容忍的"教室里禁用手机"的规定。允许学生带手机来学校，但必须保持手机关机并把手机放到他们上锁的储物柜中，只有在开学之前、放学之后和午餐期间可用。少数几个学生的家长被派驻海外，由于这些父母不能控制何时给孩子打电话，校长破例允许他们的孩子在课堂中带手机，只要他们的孩子将手机设置成震动即可。有一个孩子的家长在坐牢，只能在上课期间给孩子打电话，校长也为这个孩子破例。几位家长得知校长给上面的孩子破例了，现在正要求校长也破例允许自己的孩子在教室里使用手机。

一个没有书面的有关学生组织网页规章的高中里，越来越多的各种学生团体要求在地区网页里拥有专属空间，以便他们为自己的俱乐部或小组创建网页。过去，这所学校向足球队和棒球队批准了类似的请求，这些队就创建了自己的网页，并在上面公布队员名单、日程安排和联赛积分榜。然而最近一次申请得到专属空间的请求却让校长担心了。这个请求来自高中的同性恋联盟，这是一群没有正式高中俱乐部身份的学生。

一位中学教师在当地的喜剧俱乐部兼职做喜剧表演。人人都说这位教师的保留节目非常有趣，不过节目里有不少关于假想学生和公立学校教师生活的下流笑话。学校董事会成员会面商讨了此事。他们觉得那位教师有权利继续自己

[①] 本章复印自：Aimee M. Bissonette. *Cyber law:Maximzing Safety and Minimizing Risk in classrooms*. Thousand Oaks,CA: Corwin. www.corwin.com。

的兼职喜剧表演,但他们不知道若要求那位教师限制他自己的保留节目,应该怎样做。

使用规章(AUPs)、预防欺凌行为规章、家长许可信、照片公开规章、惩戒程序——所有这些,还有许多其他规定都被学校用来定义学生、教师和工作人员的权利和义务。虽然它们在形式、长度和内容上各不相同,但都是合同,都对学校社区成员有约束力。

合同在本质上是由一方或多方针对某些特别的情况或关系设立的一个私法。合同允许各方创建他们自己的游戏规则。各方可以利用合同来定义合作条件。如果有必要,各方也可以根据具体情况的变化而改变这些条件(即修订他们的合同)。合同的这些灵活特性使其非常适合处理科技问题,尤其是那些相关学生、教师及工作人员在使用学校电脑和学校网络系统时遇到的问题。

合同法

乍一看,"合同"这个词会让人想起许多页的商业协议,里面全是难懂的条文和详细繁琐的契约语言。但学校手册、学校规章甚至连简单的家长许可信都是合同。事实上,学校规章是最普遍使用的学校和其成员之间的合同。精心设计的规章展示着期望,定义权利和义务,描述程序并详细规定一旦规章被违反应该采取哪些补救措施。规章允许行政人员根据合同法的原则创建管理学校社群的私法。

合同可以根据具体情况或为了满足不同群体的需求而定制。例如,一个学区可以为学生使用学区内网络而起草学区网络使用规章,但在这一规章中可以规定对不同等级的潜在违法者采取什么纪律处分。再例如,一个长久以来就使用《预防欺凌规章》的学区若发现学生间带有冒犯性语言的短信和电子邮件增多,就可以据此修订规章,把禁止网络欺凌包括进来。合同法允许校领导针对学校的个别情况而"量体裁衣"。

校领导起草他们自己认为合适的规章(通常有法律顾问的帮助),通过公布和分发规章告知学生和家长学校的合同条款,之后再要求学生和家长返回签了字的同意书或确认书，最后再赋予学生权利。学校规章在本质上就成了学校所在地区的法律，不过是一种很灵活的法律，为了适应不断变化的学区需求，人们可以再修改。例如在上面的第一个例子中，那所中学已经有了与手机相关的书面规章。然而，鉴于近年来海外驻兵的增加，这个规章看起来似乎需要修改，合同法的灵活性允许这样做。

学校的使用规章是针对解决学校电脑的使用和学校网络系统的使用问题，是学校社群建立私法的首要工具。各个学校的AUPs有很大不同，但它们也都有共同之处：它们都规定有关学校电脑和网络使用的条款和条件；描述学生、教师和工作人员的权限，规定行为准则，指出违反规则的后果。可以根据使用者的年龄、年级和身份（教师还是学生）来定制条款并给出不同的特权；在使用者的特权扩大之前可以要求其参与强制培训。也许最显著的就是只要学校认为必要就可以不断回头来修订这些AUPs，这使得AUPs有可能把新科技包括进去。

> **资源提醒！**
> 在本书的资源B中含有一个AUPs样本。在本章末尾还有有关AUPs草拟指南的网上资源。

上述第二个例子中的地区需要修订它的AUPs。鉴于不断增加的请求，这个学区必须建立有关学生组织网页的规章。如果咨询法律顾问你就会知道这个学区主要有三个选择：（1）学区可以为学生组织网页起草一个观点中立的准则（即标准规定张贴的内容必须仅仅限于组织活动和安排）；（2）学区可以起草一个禁止所有学生组织网页的规章；（3）它也可以起草一个准许学生组织网页的规章，唯一的限制就是网页必须符合地区的通讯规定和学校规定。一旦学区确定了自己的方向，就可以着手修订自己的AUPs。

学校记录保留规章也是合同。记录保留规章规定在学校电脑和网络上建立和储存的电子记录的存储、保留和销毁过程。这些记录包括学生成绩单、出勤记录、标准测试分数及其他针对学生个体的信息及有关学校整体的信息。

因为2006年12月份国家对联邦民事诉讼规则的修订，记录保留规章现在变得更加重要了。虽然电子记录可以被当作诉讼中的证据来使用已有10年了，联邦法规的修订使电子记录在联邦诉讼中的地位正式化。一所学校不能保存一起诉讼所需的电子记录可以导致法律对学校和学校法律顾问的严厉制裁。这些制裁包括经济处罚,排除证人或请求,不利推断指令、免职和缺席判决。

修订后的法律规定,学校不能够再允许杂乱无章地储存和清除电子记录,合同法必须起草应对措施。在法律顾问的帮助下,学校需要起草适合自己学校的记录保留规章和适合自己学校需求和运行方案的规章,同时也继续为负责监控记录的信息科技专业人士提供充分的指导和保护。正如上述的 APUs 一样,各个学校草拟的规章很可能各不相同。上述事例中的法律会继续演变,因此,合同法的灵活性在此是必需的。

学校的职责

学校要想使自己草拟的规章有效就必须做许多事情。首先,学校领导需要坦率承认 21 世纪教室环境下的法律风险。即使在没有故意不当行为的情况下,有关学校电脑和网络使用的法律诉讼也可能增加。学校领导需要向学生、教师和工作人员指出可以预见的危险并采取合理的预防措施以减少危险。

学校需要设置明显的界限并把这个界限告知所有的学校社群成员。要明确的一点就是学校的网络系统是为了有限的教育目的而存在。学校需要强调指出学校网络系统是为了学生、课堂作业、工作人员的专业发展活动而存在的。

作为沟通努力的一部分,学校必须就下列问题准备好为学生提供教育课程,为教师和工作人员提供专业发展培训:学校电脑和学校网络系统的正确使用、学生和网络隐私问题、学生网络使用的正确监控问题、担心出现时应该采取的正确措施。事实上,在上述的第三个案例中,那所学校的董事会对那位教师在自己的兼职喜剧保留节目中会说什么的担心可以通过教育来解决。那位教师也许会对自己的兼职喜剧表演节目稍加改动以减轻学校董事会对学生隐私和校园外教师言论的担心,同时又不会对他的演出质量产生负面影响。

学校还应该建立规章规定上报突发事件的推荐程序。与这个规章相一致,学校也许想要起草学生要通过的与其年龄相适应的测试,在授予学生"证书"去参加缺少结构的网络活动(如在线聊天室和社交网站)之前,学生必须通过这样的考试。

> **起草学校规章的五步方案**
>
> 1. 搜集数据:评价现存的学校规章并找出这些规章中的缺陷,确定新的/修订规章的目标,从与新的/修订规章相关的教育协会、出版物、其他学校及法律资源中搜集数据。
> 2. 征求意见:邀请教师、工作人员、家长和其他利益相关者针对新的/修订规章的内容和结构给出评价。
> 3. 起草新的/修订规章:参考您学校里的程序以便决定由谁来负责起草及应该采用什么流程。
> 4. 传阅新的/修订规章草稿:征求学校社群成员的反馈。
> 5. 批准和宣传新的/修订规章:参考您学校里的程序以便决定采取必要的批准程序。向家长宣传已经批准的规章;确保规章被纳入印刷的或硬拷贝的学生手册。向学校社群其他成员宣传规章已经被批准的消息。

最后学校需要承担自己在对家长进行有关电脑和网络问题的教育中的责任。学校需要尽早并且经常和家长沟通,从秋季开学的家长通知书开始到开放参观日,这些活动随着突发事件的出现和新科技的引入始终贯穿整个学年。学校必须使家长知晓学生在教室里如何使用网络。虽然校区监控学生在校的网络使用,学校也要建议家长有必要和孩子讨论自己的家庭价值观。最重要的是,学校在允许学生使用学校的电脑和网络系统之前要征得父母的同意。

> **规章语言样本:家长的责任**
>
> I. 在校外,家长担负着指导学生使用下列信息源的责任:电视、电话、收音机、电影和其他可能的冒犯性媒体,家长同样担负着指导学生使用网络的责任。如果学生在家里或遥远的地方使用校区的系统或网络,家长应该负责监控学生。
> II. 如果学生使用校区的资源或账号进入网络,学校将会通知学生家长并且校区给家长提供机会选择不用网络的其他替代活动。这个通知包括:

（续）

a）给学生用户提供的一份用户通知书；
b）对家长或监护人的责任进行描述；
c）通知学生家长可以选择使用不用网络的其他替代教育活动并可以要求得到进行这些活动所需的材料；
d）声明在学生使用之前，《学生在线使用规则同意书》必须得到学生、家长或监护人和辅导教师的签字；
e）声明学区的使用规章可供家长审查。

来源：《网络使用规则和安全规章》（第524条规章），依代纳公立学校。

结　论

合同法的灵活性使得它成为建立学校社群参数的理想途径。合同的形式可以是学校常见的多种文件，并且可以个性化定制以适用于几乎所有的情况。规章是学校合同中最常见的一种，学校的其他合同包括：学生手册、图片公布规章和同意书。学校应该通过仔细调查他人意见、预见潜在问题、征求学校社群成员的意见、咨询法律顾问来认真起草合同。学校合同一旦被确定下来，学校就应该定期对其进行修订。

有关规章和程序的核查清单

你的学区做了下列事情吗？

- **已经评估了教室里的科技使用所产生的法律风险？**

  校领导需要向学生、教师和工作人员指出教室科技使用可能产生的风险。本书综述了学校可能遇到的许多问题。学校应该针对自己的个别科技使用和实践咨询法律顾问以便评估它们的法律含义。应该起草规章合同来解决得出的潜在问题。

- **已经针对所有教室里的科技使用表达出了明确的期盼和界限？**

  让学校科技资源使用者知道这些资源是用于有限的教育目的的，这一点很重要。学校应该强调指出学校的网络系统首先是为了学生、课堂作业和工作人员的专业发展。

（续）

- 起草学校科技合同时，已经征求了学生、工作人员和家长的意见？

  在评价和草拟科技合同时，征求学校科技利益相关者的建议。家长、学生、教师和工作人员的参与会更加精确地定义实际操作并使最后的规章产生更大的效力。

- 在允许使用科技资源之前已经订立了培训要求和规章生效程序？

  学校得到教师、家长和工作人员的认可，他们已经熟知学校在电脑和计算机使用方面的期待，并且他们接受学校科技合同中的使用条款和条件，这些很重要。学校也可以建立有关在允许使用者在使用这些资源之前对学校科技资源进行培训的规定。

- 学校的科技策略中已经包含家长教育？

  学校一有机会就应该把自己的科技政策和期盼告诉家长。新学年开始的家长通知书和开放参观日提供了告知家长学校使用科技策略的机会。学校还应该建议家长有必要和自己的孩子探讨关于在校内、外使用网络的家庭价值观和期望。

- 已经建立上报突发事件的一系列程序？

  学校科技使用政策中有明确的、简要的上报、监控和解决有关违反学校科技合同的潜在突发事件的程序，这很重要。

网上资源

佛吉尼亚州教育部科技组《使用规章手册》：

http://www.doe.virginia.gov/VDOE/Technology/AUP/home.shtml

《网络应用的使用规章》：

http://www.media-awareness.ca/english/resources/special_initiatives/wa_resources/wa_teachers/backgrounders/acceptable_use.cfm

《网络使用规章指南》：

http://www.education-world.com/a_curr/curr093.shtml

密西西比州审计办公室《网络使用规章模板》：

http://www.osa.state.ms.us/downloads/iupg.pdf

美国蒙大拿州网络项目《网络使用规章模板》

http://www.auditnet.org/docs/internet_acceptable_use_policy_t.htm

附：资源使用规章模板

【学区】电脑、计算机网络、网络资源的使用规章

A. 简　介

　　【学区】电脑、计算机网络和网络资源的使用是学区内课程和教学的一个重要部分。【学区】计算机网络是为教学而设置的。【学区】期望工作人员在课程中正确使用计算机网络和网络资源，并针对其使用为学生提供指导和教育。

　　尽管网络的教育潜力非常大，网络也存在着安全隐患及滥用情况。出于安全的考虑，【学区】采用了过滤和防火墙。【学区】遵守《儿童网络保护法案》（CIPA）。学校董事会期望所有的雇员、学生遵守下列的电脑、计算机网络、网络资源的使用规章程序。不能遵守这里的指南将会招致纪律处分。【学区】不负责确保外网上信息的准确性和可用性。

　　当孩子初次在学区内上3年级、6年级和9年级时，家长或监护人可以决定自己的孩子是否可以接触网络。若这些彼此连接的计算机网络在使用时产生任何索赔，所有的索赔都不归【学区】负责。

B. 使用权

　　1.【学区】为工作人员和学生提供网络使用机会。这一规章为所有使用学区电脑和网络的学生和工作人员列出了这里的网络使用规章程序。这里的使用规章适用于使用学区计算机网络及从中存或取信息、数据的所有科技、电子邮件和互联网。

　　2. 学生和工作人员通过教室、图书馆或学校微机实验室使用国际互联网上的信息资源。

　　3. 在学生被允许通过【学区】计算机网络进入互联网之前，学生和他们的

家长或监护人必须在《使用规章同意书》上签字。

4. 在学生初次在【学区】内上3年级、6年级和9年级时，家长必须签字批准。家长或监护人随时可以收回他们的批准。

5.【学区】会适当地给每位雇员提供一个电子邮件账户。

6. 应班级教师的请求，为了完成课程相关的学习任务，【学区】为学生提供有限的使用教室或图书馆电子邮件账户的教育机会。

7. 使用【学区】系统和网络的机会是一种优待而不是一种权利。【学区】有权在任何时候出于任何理由限制或取消任何用户使用【学区】计算机系统、设备、邮件系统和网络的权利。基于违反规定的性质和程度及先前违反规定的次数，【学区】系统和网络的不当使用会导致下列一个或多个后果：吊销或取消使用权；赔偿损失和修理费；无学分和/或降级；按照其他【学区】的相应规章进行处罚（其中包括停职、开除、驱逐或雇佣终止）；根据其他适用法律承担民事责任或刑事责任。

C. 教育目的

1.【学区】计算机网络并不是为公共服务而建立，因此它不是一个开放或有限开放的论坛。"教育目的"这个词包括（但不仅仅限于）利用电脑和网络资源进行信息管理、课堂活动、媒体中心项目、教育研究、职业发展和教学活动。

2.【学区】计算机网络并不是为公共服务或作为公共论坛而建立。【学区】有权利对可使用的材料或通过系统上传到内联网的材料、电子邮件、网站或列表服务器设置合理的限制。学生和雇员在使用【学区】电脑网络的时候应该遵守这个规章下列出的条款并遵守法律。网络将会受到工作人员的监控以确保其用于教育目的。

3. 学生和雇员不能将【学区】电脑网络用于非教育的商业目的。这意味着不能通过【学区】电脑网络提供、供应或购买任何产品或服务，除非这种产品或服务是出于有限的教育用途并且这种活动已经提前得到【学区】的批准。

4.【学区】电脑不能用于政治游说。它可以用来与当选议员进行沟通并就政治问题向他们阐述自己的观点。

D. 你的权利和责任

1. 言论自由。

学生的言论自由已经在【学区规章】中列出，它也适用于网上交流。【学区】计算机网络是一个有限的论坛，类似于校报，因此【学区】可以出于有效教育的原因对学校网络上的言论加以限制。【学区】不能因其相异而被限制言论。

2. 搜查与扣押。

a. 学生和雇员不应该期望【学区】系统中的个人文件夹内容可以有隐私。行政人员和全体教职工有可能审查这些文件夹和信息以维护系统安全并确保使用者在负责任地使用系统。

b.【学区】可以随时检查储存在【学区】科技资源中的所有信息。【学区】可以监控员工和学生使用科技的情况。存储在【学区】科技资源中的电子交流、所有数据及下载资料，包括从用户账户中删除的文件夹都可以被【学区】管理员或某个被任命者随时截取、使用或搜查。

c. 例行【学区】的检修和监控电脑系统可能会发现本规章或下列规章、法律被违反：学校董事会关于学生行为和【学区】纪律的规章，学校董事会关于学生的民事、刑事权利与责任的规章，学校董事会关于员工活动规章和/或联邦法、州法或当地法规。

d. 如果合理怀疑有人违反此项规章、学校董事会规章或法律，可以对个人进行搜查。调查应该合理并和怀疑的违法违纪行为相关。

e. 学生家长或监护人有权在任何时候要求查看学生电子邮件文件夹里的内容。

3. 学区雇员。

【学区】在电子邮件和网络使用方面的【学区】雇员权利、责任和义务受到教育规章和程序的制约，也受到【学区】和员工的有独立交涉权的工会单位之间的主协议制约。员工如果违反了校区规章、条例和程序将会被处罚或解雇。

4. 应循程序。

a. 学区将全面配合当地、州或联邦官员调查任何有关通过【学区】电脑网络进行的违反活动。

b. 如果有人声称雇员和学生在使用【学区】计算机网络的过程中违反了此规章或其他董事会规章，将会给他们一个有关涉嫌违反规章的书面通知并给他们申辩的机会（这在学校董事会学生规章和员工谈判协议中有规定）。

c. 如果这个违纪还涉及违反了学校董事会规章的其他条款，将按照学校董事会有关解雇的规章对其进行处理，这些规章包括：停职、开除和驱逐。对个人网络账户应设定额外的限制，否则会导致停职、开除和驱逐和/或经济处罚。

E. 不当使用

【学区】电脑网络的下列使用方式是不当的：

1. 个人安全。

a. 学生和雇员不得在网上公布或提供有关自己和他人的私人联系方式信息。私人联系方式信息包括学生或雇员的家庭住址或电话号码、学生的学校地址及雇员的工作地址。在回复别人的电子邮件时包含学校的寄件人地址不算作违规。

b. 没有父母的允许，学生不能与网上的联系人会面。家长或监护人应该陪同学生前往受过批准的会议。

c. 一旦收到到任何不当的或让人不适的信息，学生要马上告诉他们的教师或其他学校员工。

2. 非法活动。

a. 学生和雇员未经授权不得强行使用【学区】电脑网络或通过【学区】电脑网络进入电脑系统或超出权限使用。这包括企图用他人账户进入或使用他人的文件夹，这些活动即使是仅仅出于"浏览"的目的也是违法的。

b. 学生和雇员不能有意扰乱电脑系统或通过传播电脑病毒及其他手段损毁

数据。这些活动是非法的，学校将会对其发起刑事诉讼和/或进行纪律处分。

c. 学生和雇员不得使用【学区】电脑网络系统从事非法活动，促进赌博活动，或违反当地、州或联邦法律的活动。

d. 学生和员工不得使用互联网或学区电脑网络侵扰或威胁他人安全。

e. 禁止对电脑设备或网络的不当使用，这些不当使用包括（但不仅仅限于）对有密码保护的信息、电脑程序、数据、密码或系统文件的删除或侵犯；对文件夹、目录和网址的不当访问；蓄意污染系统；不道德使用信息或违反知识产权法。

3. 系统安全。

a. 雇员对自己私人电子邮箱账户负责并且应该采取一切合理的预防措施以防止他人能够使用自己的账户。在任何情况下，员工都不能向他人提供自己的登陆身份和/或密码。

b. 学生一旦发现可能的安全问题应马上告知教师或系统管理员。学生不能主动查找安全问题，因为这会被当作企图非法使用。在任何情况下，学生都不得向其他学生提供自己的登陆身份和/或密码。

c. 在下载软件或把光盘带进学校时，学生和雇员应该遵循学区的防御病毒程序，避免由于疏忽造成的电脑病毒传播。

d. 未经教师允许，学生私自使用教师电脑文件夹、程序目录和网络将会按照学生手册上的规定受到处分。

e. 学区将会指定专人负责学区互联网资源和网络账户的安全、管理和账户责任。

f. 扰乱校区电脑安全系统、应用、文件、设备都被视为对学校财产的故意破坏、毁坏和损伤。请注意闯入任何系统都是犯罪（重罪）。这样的行为将会导致对使用者和/或学生家长或监护人的经济处罚和法律处罚。

4. 不当语言。

a. 不当语言的限制适用于公共信息、私人信息和公布在网络上的资料。

b. 学生和雇员不得使用淫秽、亵渎、下流、粗俗、无礼、煽动、威胁或不敬的语言。

c. 学生和雇员不得发布可能导致损毁或引起混乱的信息。

d. 学生和雇员不得从事人身攻击（包括基于个人的种族、性别、性取向、宗教、国籍或残疾的带有偏见性的或歧视性的攻击）或从事其他【学区】规章或法律禁止的骚扰或歧视。

e. 学生和雇员不得骚扰他人。骚扰就是不断烦扰或惹恼他人。如果被告知停止给其发送信息，学生和员工必须停止。

f. 学生或员工不得有意或无意地公布有关个人或组织的虚假信息或诽谤信息。

5. 尊重隐私。

a. 学生和雇员不得在没有发件人允许的情况下转发收到的信息。

b. 遵照数据行为法案【引用】、学生隐私法案【引用】和适用的校区规章，学生和雇员不得在网络上发布有关他人的私人信息。但这不禁止员工互相或和学生家长／监护人通过电子邮件讨论学生的私人信息。

6. 尊重资源限制。

a. 学生和员工使用系统仅限用于下列用途：教育活动、职业发展活动、有限的高质量的自我探索和【学区】课程活动。

b. 学生和员工在学校电脑服务器上仅仅拥有有限的空间。学生下载文件的能力受到媒体中心和学校规章的限制。使用者负责对自己使用的重要文档和文件夹进行备份。

c. 学生和雇员不得发送连锁信件[①]或发送垃圾邮件（垃圾邮件就是向大批的人发送不必要的恼人的信息）。

d. 学生不能有意地或故意地删除另一名学生或雇员的文件夹。

e. 学生或雇员仅仅使用校区提供的，包括但不限于邮件应用软件和网页浏览器这样的软件。没有媒体和科技服务主管的允许，雇员和学生不能在校区电脑系统中安装软件或硬件。

---

① 连锁信要求收信人看过后复写成若干份发寄给他人，并以这种方式不断扩大收信人范围。

7. 剽窃和版权侵权。

a. 学生和雇员不得剽窃在网上找到的作品。剽窃就是拿取别人的思想或作品，并把它们当作自己的东西。

b. 学生和雇员要尊重版权所有人的权利。版权侵权就是人们复制受到版权保护的作品。如果作品中包含规定正确使用作品之类的语言，使用者就应该遵循列出的要求。如果不清楚作品是否能被使用，就要请求版权所有人的允许。版权法可能比较复杂，必要时可以请媒体专家指导。

8. 资料的不当使用。

a. 学生和雇员不得利用【学区】电脑网络使用亵渎或下流（色情）的资料，含有病毒或含有网络黑客程序或者宣扬非法活动的类似程序的资料，或含有宣传暴力或对他人歧视的（仇恨言论）的资料。

b. 如果学生错误地使用了不当信息，他们应该立刻告诉他们的教师、媒体专家或其他【学区】雇员。这将保护他们免于受到有意违反规章的指控。

c. 如果有家长或监护人认为有不适宜孩子使用的其他材料，家长或监护人应该对孩子进行指导。【学区】完全指望学生会在此事上听从家长的教导。

d. 教育者应该监督学生在校的网络使用情况并采取合理的措施防止学生接触网上或国际互联网上的不当资料，并限制学生使用对其有害的资料。

e.【学区】将监控学生和雇员的网上活动，并根据法律要求在【学区】电脑网络的所有电脑上采取科技保护措施（过滤或锁定装置或软件）。根据法律规定，过滤或锁定软件将阻止对学生有害的色情视觉图像及儿童色情作品的使用。入侵或使校区安装的过滤或锁定装置瘫痪（包括企图入侵或企图使校区安装的过滤或锁定装置瘫痪）都违反了使用规章。

F. 责任范围

校区不承担（因此也清楚地否认了）那些由于违反本规章和其他适应法律的对校区电脑、设备、电子邮件和网络程序的错误使用而引起的责任。【学区】不能确保其通过【学区】系统提供的功能和服务没有错误或没有缺点。【学区】不对因使用【学区】电脑系统而造成的损害：包括但不限于数据丢失、服务中断、从系统内获取的或存储于系统内的信息的准确性和质量、交流不当引起的损失或伤害、使用【学区】电脑或网络资源带来的财产的损失，或由于使用【学区】资源而产生的债务。

第十章
预防网络欺凌 ①

萨米尔·辛杜佳
贾斯汀·帕钦

> 我的孩子正在努力减肥。一次孩子在朋友家过夜,她把自己的体重问题向自认为是自己朋友的两个人倾诉了,可是第二天,这件事就被她的朋友们晒到了社交网站上。孩子们到底有多残酷?不管怎样,每天孩子们在网上进行所谓的"聊天"时,我都看到脏话和谩骂。我的孩子们知道,作为家长的我要介入了,并且每时每刻还会读网上的交流。更多的人都应该像我这样做。
>
> ——匿名氏

当我们与学校专业人士、家长或媒体交谈的时候,我们最经常被问到的问题之一就是"怎样才能防止网络欺凌?"事实上,你们中的一些人拿起这本书的时候就是为了找出这个重要问题的答案。在本章,我们就致力于找出会在年轻人当中减少网络欺凌频率的切实可行的办法。虽然没有解决这个问题的灵丹妙药,但却有许多已知步骤可以降低网络空间中青少年攻击的可能性。此外,本章中的建议使你不仅可以预防网络欺凌,还可以为你在必须回应网络欺凌的时候做好准备。

有人主张禁止孩子上网是预防网络欺凌和阻止与青少年网络使用有关的其他负面影响的唯一出路。肯定地说,这是最不适宜的做法。思考一下这个问题

---

① 本章重印自:Sameer Hinduja & Justin W. Patchin. *Bullying Beyond the Schoolyard: Preventing and Responding to Cyberbullying.* Thousand Oaks, CA: Corwin.. www.corwin.com.

吧，你认为参观游览华盛顿特区是孩子学习的绝佳机会吗？这当然是了：战争纪念馆、总统纪念馆、政府建筑，这些都是孩子们参观、欣赏的好地方。

也许你想带班里或学校里的学生去游览美国首都华盛顿特区。那么，你怎样做呢？你当然不会让学生们从白宫的台阶前下车，然后对他们说"玩得开心！"后就走开。因为你知道华盛顿特区除了绝佳的教育机会，还有许多其他的你觉得没有必要让孩子看到的东西：暴力、娼妓、流浪人员、醉鬼、团伙成员等。这个城市中隐藏着许多危险，事实上，华盛顿特区是美国犯罪率最高的地区之一。但这并不意味着我们应该禁止学生访问这座城市，并好好了解它的历史、政治和文化名胜。

我们应该以同样的方式对待网络。在网络的一些阴暗角落藏着我们不想让孩子们过早看到的许多东西：脏话、仇恨、偏见性言论、色情、炸弹制造指南等——类似的还有很多。网络也有许多潜在危险：性侵害者、绑架者及其他想要伤害孩子们的有邪恶、反常意图的人。就如同我们不会让孩子们独自探索华盛顿特区一样，我们也不应该让孩子们独自探索网络而无监管、引导或明确的指导。我们给孩子们提供一个清晰的路线图和保持网上安全和负责任使用网络的框架，并定期探访他们以确保他们循着正确的轨迹行走。

最终，所有的孩子都会接触网络空间中那些有问题的东西。那时怎么做取决于他们所接受的教导和所养成的习惯。你朝着这个方向所花费的时间、精力和努力将会在你所投资的年轻人的生命中得到丰厚的回报。当青少年17或18岁的时候，和他们谈论有关网络的正确使用并不是必将失败的努力，但是确实应该更早地做这些事情。我们鼓励尽早引出这个话题——并且一定要在他们开始独自探索网络之前。我们发现处于五到七年级的学生开始更频繁地、为了各种各样的目的使用电脑和网络，并且我们已经和学生们谈过话，他们远远比教师和家长更精通电脑和网络。可能你没有教过他们怎样使用电脑和网络，但他们不知从哪里就学会了。

我们在21世纪生活，孩子们精通科技的年龄毫无疑问地会越来越小。令人振奋的是在学生这么小的年龄，成年人对他们有很大的影响力并且能有意义地塑造学生的行为。你可能从经验中得知当孩子们接近十几岁的青少年时，这种影响力会随之减少，因此尽早干预非常重要。这意味着如果干预现在还没发生，我们就得马上开始做。我们相信孩子们不仅会倾听你说的话，还会按照你所说的去做。

预防网络欺凌及其他形式的青少年攻击的综合策略需要许多重要的利益相关者的合作。家长、教师、执法人员、其他社群领袖和孩子们自己都要发挥作用。这些人中没有一个人能够单独完成此事。本章将会详细介绍预防在科技使用过程中所产生的网络欺凌和面对其他青少年问题时我们应该采取的步骤。我们首先将目光投向教育者的责任。他们的责任包括：正式评估现存网络欺凌的程度，教育学生和工作人员，制定明确的规章，发掘学生的专长，维护安全和有礼貌的学校文化，安装监控和过滤软件，实施和评价正式的预防网络欺凌的计划，教育父母。

教育者在预防网络欺凌中的角色

评 估

你可以采取的第一个前瞻性步骤就是评估你所在学校中出现的网络欺凌的等级及它对全体学生和教育环境所造成的影响。通过对学生和员工的匿名调查可以很好地测定出你校人群现在的网络行为状况。事实上，应该定期这么做以检查趋势数据来确定某些问题是在一段时间内得到改善了还是恶化了。你的评估工具需要努力解决网络欺凌所特有的问题有许多（见"评估问题样本"）。

你应该明确地向学生陈述"网络欺凌"这一概念以便让他们明白你所赞成的行为。例如，在我们的调查中，我们告诉受访者"网络欺凌就是某人不断在网上捉弄他人或不断通过电子邮件和短信惹恼他人，或某些人在网上公开他们所不喜欢的他人的信息。"不明确定义"网络欺凌"这一概念，而是问他们是否被网络欺凌过可能导致学生出现思维混乱，并使分析调查结果变得困难。

评估问题样本

- 这所学校的学生中有网络欺凌现象吗?
- 这个网络欺凌问题有多严重?
- 你曾是网络欺凌的受害者吗?
- 你曾经因为某人在网上对你说了什么话而不敢来上学吗?
- 你曾经在网络上欺凌过其他同学吗?
- 若是,你为什么那样做?
- 教师应该怎样做以预防网络欺凌?

如果评估要为全区建立坐标,可以根据学校、人口特征(年龄、性别、种族)、宗教、特殊族群及任意多的其他数据对数据进行分类,并且可以在学生的构成和分布上将研究结果与全区数据进行对比,找出异同点。这种分析可能非常有指导作用,它可以准确辨别出哪些学校或群体需要最多的帮助、教育和处理网络欺凌的资源。为了使你行动起来,我们附有一份预防网络欺凌问卷。我们在 2007 年从中学生中搜集数据(资源 F)时设计并使用了这份问卷。你们也可以根据自己学校的人群对此加以改变。

此外,你的学校可能想要考虑和当地的大专或大学合作,请他们帮助搜集、分析、解释和描述这些数据。大学教师们通常有组织评估的经验并且在这个项目的各个方面都可以提供帮助。此外,还有其他的网络或打印资源可以为行政人员提供详细评估的细节知识。在《解密并减少学校网络欺凌》(*Demystifying and Deescalating Cyber Bulling in the Schools,* Barbara Trolley, Connie Hanel, &Linda Shields, 2006)一书中就有此方面的切实可行的建议。

教育学生和员工

毫无疑问,学区既要教育学生也要教育员工,让他们知晓网络欺凌的有害本质。学校行政人员应该花些时间学习这些,并把这些重要信息传递给教师和顾问。例如,学区可以召开一个有关青少年网络安全的会议,并请专家到场就这一话题进行演讲，研究真实案例并总结最新的研究成果。

接受了这样的教育之后，教师和顾问就要把这些信息传递给学生。教师们在教室里讨论欺凌和同伴骚扰这样的宽泛问题时，应该花些时间讨论网络欺凌。他们应该主动地让学生们讨论网络上的各种负面经验及可能的解决办法。例如，教师可以使用小故事或网络欺凌的真实例子来解释网络欺凌的有害本质，并指出，网上所写或所宣传的与面对面的欺辱同样有杀伤力（或者更严重）。在下面"网络欺凌短片"中有几个故事，其他的例子见本书资源C。我们相信这些故事适当地描述了真实生活中的网络欺凌场景并能引发学生关于做什么（及怎么做）的富有成效的、持续的讨论。

网络欺凌短片

故事一

一个女孩的照片被人拿走，这使她很不安。那周的晚些时候，她的朋友告诉她，她的照片被放到了另外一名同学的博客里。这个女孩应该怎么办？她应该回击吗？

故事二

一个男孩为他的热恋对象写了一首诗并决定用电子邮件传给她。这个女孩收到邮件后又把这封信转发给其好友列表中的所有朋友。第二天在学校里，所有的孩子都取笑他和他的诗。这位男孩该怎么办？使用电子邮件总是安全的吗？

故事三

一位教师注意到，在上计算机课期间，有一位学生没有使用计算机。这位教师走近这名女孩问她为什么。女孩没有马上回答并紧张地环顾教室，之后她回答说她不想使用电脑。不过，教师注意到几名其他学生正看过来并在大笑。教师此时该做什么？教师应该认为女孩受到了网络欺凌吗？如果教师发现确实如此，教师下一步该怎么办？

故事四

一天，一名男孩把他的摄像手机带到学校。他用手机给班里其他人照相。第二天，教师见到一些学生威胁要将这名小男孩痛打一顿。之后，教师发现这名男孩把学生的照片传到了网上并取笑了这些学生。小男孩应该受到什么惩罚？其他的学生是否应该因为打架也受到惩罚？学校应该采取哪些措施防止类似事件发生？

故事五

两名上学的男孩在午餐期间互相取闹。他们互相对骂、彼此嘲笑对方。后来两个

> （续）
>
> 男孩都受罚了。教师觉得他们的打架已经停止。然而，这两名学生虽然不在学校吵架了，却在网上接着吵起来。一名男孩制作了一个正版的网页来嘲笑另一位。网上被嘲笑的男孩告诉了自己的父母。他的父母来到学校问教师到底发生了什么事情和为什么会这样。教师应该给这两位家长什么建议？这两名学生在校期间，教师应该怎么做？

此外，我们还建议学校定期筹办集会或展示，向学校群体提供有关安全上网和有责任地使用网络及网络礼仪（网络或在线礼仪）的知识。为了使这些展示更加生动、逼真，我们建议播放那些免费的有关网络欺凌的视频短片。例如，国家罪案防范理事会（www.ncpc.org/cyberbullying）创建了公益广告，这些广告真实地描绘了网络欺凌会造成的现实伤害。随着短片的内容被充分理解，我们可以亲眼见到观看的这些学生受到了触动。不断刺激青少年的良心似乎可以使他们对身边的问题更敏感并更易于在作出不明智的决定前谨慎思考。提醒学生违规后的潜在后果及网络上的几乎所有过失行为都会留下能帮助人们找到罪犯的数字痕迹之后，学生们都在某种程度上打消了实施网络欺凌的念头。

几个非盈利性的组织也开发了相应的课程，学校可以利用这些课程告诉员工和学生网络欺凌的本质和后果。例如，反诽谤联盟（ADL）最近发起了一个全国性的行动，行动的名称为"网络欺凌：了解与应对在线虐待"。这个行动包括为小学、中学和中等学校准备教学计划。该组织还为中学、高中教职工提供互动的工作室。更多有关 ADL 的预防网络欺凌计划见网址 www.adl.org。

奥菲利亚项目（The Ophelia Project）是一个非盈利性的组织。该组织与学校合作努力创建一个更安全的社会环境以减少学生间的虐待。他们也为学校提供预防网络欺凌的培训和工作室。这个组织致力于促进健康的情感关系的形成和帮助年轻人发展健康的同伴关系，以此来打击关系上的虐待或其他非肢体的虐待。更多的信息见网站 www.opheliaproject.org。最后，爱安全组织（www.isafe.org）也为青少年课堂创建了网络安全扩展课程并努力通过综合的外展计划教育社群成员。我们鼓励你们查看这些网站上的可用资料并看看哪些符合你们的目标。

电脑和其他科技设备的使用应有明确规定

我们记得上七年级的手工艺课时，在新学年开始之时都要花上几周的时间学习有关电动工具的安全操作和流程后才被允许使用这些工具。多年后，我们被允许开车之前都被要求参加一个全面的有关司机教育的课程并且还要通过笔试和路考。社会认识到电动工具和汽车如果使用不当或被不负责任地使用，将会很危险，因此我们要花费时间教学生们了解有关使用它们的潜在危险。

在允许学生在学校使用电脑和网络之前也应该采取相同的措施。不能指望年轻人自己明智地行事。他们需要有人教他们如何负责任地使用科技。使用电动工具时有规则，同样，使用电脑时也要对该做什么有明确的规定。只要学生知道这些规定，当他们违反规定时，就不能以不知情为借口，他们也应该知道任何错误做法的潜在后果。

每个校区都应该制定全面的使用规章来管理学校提供或使用的科技。美国司法部的电脑犯罪和知识产权局提供了 AUPs 样本，学校可以根据自己的需要对样本加以改变。这个样本包括有关电脑和网络的安全、负责任使用的详细信息，并提供惩戒、管理和监督的建议。在新学年开始之初，家长和学生必须签署 AUPs（以此表明同意它的条款）。这样协议各方都意识到规章的存在以及违反规章的潜在后果。感兴趣的读者可以登陆网站 www.cybercrime.gov 搜索关键词"school acceptable use policy"。

除了宽泛的规章之外，制定详细的准则规范学生在学校在校使用电脑的行为也很有益处。在"教室电脑使用规则"中，我们列举了几条具体规则，教育者可以考虑将这些规则贴在电脑实验室或教室的智能终端附近。在清单的末尾，我们还推荐应该明确列出学校禁用的某些网站和软件（例如，"我的空间""AOL即时通讯""谷歌聊天"和虚拟游戏"第二生命"）。

教室电脑使用规则

我明白使用学校电脑是受到下列规则制约的一种权限：

1. 我被允许使用电脑，但仅限于受批准的、为教育目的的。
2. 我只会玩经过我的教师授权的游戏。
3. 我不能更改电脑设置或损坏电脑设备。
4. 我同意永远不会在网上写或公布教师、家长不愿见到的东西。
5. 我不会利用电脑伤害别人。
6. 我不会在电脑上输入脏话或其他冒犯性的语言。
7. 如果我收到骚扰信息或偶然见到冒犯性的或色情的内容，我会马上报告我的老师。
8. 我仅仅使用网络查询适合学校课程的领域。
9. 我同意未经教师批准不下载装机软件、共享软件、免费软件或其他文件夹。
10. 我仅仅把适于教学的材料保存至我的个人文件夹。
11. 我仅仅改动自己的文件夹和文件。
12. 我不会从网上抄袭。
13. 如果我对自己的某次网上体验感到不安，我会马上告诉教师。我明白教师乐意帮助我，并且只要我遵守这里的规则就不会受到处罚。
14. 未经父母准许，我不会同意和任何网上遇到的人见面。如果有人想见我并使我感到不安，我会将其告诉信任的一个成人。
15. 我不会告诉任何人我的任何一个密码（我的学校网络账号、我的电子邮箱账号、我的社交网站账号等）。
16. 我不会使用代理服务器尝试进入学校网络所阻止的网站或其他形式的网络内容及交流科技。如果其他孩子使用代理服务器我会举报。
17. 我准备好了对自己的行为负责。如果我违反了这些规章，我会甘愿失去使用电脑的特权。

除了教室电脑之外，学生需要知道（如果有）哪些电子移动设备可以在校园中使用，因为我们看到越来越多的年轻人拥有手提电脑、智能手机（如苹果手机、黑莓手机和 Sidekicks 手机）及其他可以在某种范围内上网的电子移动设备。随着可以上网的手机数量增加，网络欺凌的数量也呈指数式增长。

因此，学校必须清晰地制定有关电子移动设备的使用规章。有些学校简单地选择了禁止所有这样的设备在校使用，这引起了家长的指责——家长们说他们需要在紧急时刻与孩子取得联系。如果每天学生进校之时不对他们进行搜查就可能很难执行全面的禁令。更好的举措就是制定清晰的具体指导方针，规定学生什么时候、在哪里可以使用这些设备，以及抓住学生在其他时间或地点使用这些设备的后果。"学校可移动电子设备规则范例"中列出了你可以参考的规则。

> **学校可移动电子设备规则范例**
>
> 移动电子设备包括但不仅仅限于手提、手机、个人数据助手、便携电子游戏、数字声讯播放机、数码摄像机和手表。
> 1. 每天上学期间，学生必须将所有移动电子设备关机。
> 2. 每天上学期间移动电子设备要放在视线之外。
> 3. 没有他人的允许，学生在任何时候都不许使用任何设备给他人摄影或在学校财产上录制他人（声音或影像）。
> 4. 可移动电子设备不许在教室、浴室或更衣室使用。
> 5. 任何没有经授权使用的可移动电子设备都会被没收。学校的家长或监护人必须替学生来学校取回设备。
> 6. 必要时，任何被没收的移动电子设备都可能被家长或执法部门搜查。
> 7. 违反此规章的学生将会按照学生手册中的处罚条款接受处罚。

我们在此还要强调当移动电子设备被没收时，学校不应该越界去搜寻手机里的内容，即使在学生明显违反了学校规章的情况下也不行。这最好留给家长或执法部门去做，因为他们知道什么情况下需要对隐私进行搜查。学校应该把自己的行动限制在没收这些设备范围内，而不应搜查设备内容。

每所学校也都有（或者应该有）有关禁止欺凌事件发生的书面规章并明确规定违纪后果。行政人员必须花时间评价和修改这些规章以确保这些规章包含了对学校环境有消极影响的网络欺凌行为。应该在新学年开始之出就宣传这个规章以便让家长和学生都明白什么样的行为处在学校惩罚范围内，重点指出那些招致惩罚的具体情况（来自学区的或其他地方的例子）也很有教育意义。如堪萨斯学校董事协会的规章专家保罗·盖托（Paul R. Getto）所说：

学校应该为所有学生、教师和其他员工创建一个安全、友好的环境，因为这些人可能遭受多种形式的欺凌，包括网络欺凌。在我们看来，仅仅批准禁止欺凌的规章并不能产生预期的效果。如果在学校里人们平静的心绪被打乱或担心自己的安全，那么任何形式的欺凌，不管使用了什么媒介都是错误的、有破坏性的，对学生而言都是潜在的问题，在某些情况下，对教师而言也是如此。

明确的政策很重要，最近佛罗里达州发生的一个事例就可以证明这一点。2007年，一名中学生对她的一名教师录像，随后传到网上（www.youtube.com），这个视频还附有侮辱性字幕。虽然这没有对学校的教学、学校科技资源的使用造成重大影响或干扰，也没有对其他学生造成威胁，行政部门却有权让她转学至其他学校，因为学校有明确政策——禁止在教室里对教师录像。

此校政策的某部分指出："任何学生，未经他人知晓或同意，对别人不当地拍照、录音、录像或以其他不当方式记录别人都会受到规定的惩罚。"我们很称赞这所学校有先见之明制定了此规则，并把它放进了行为手册当中去。其他学校和学区也该效仿此举，这样可以清晰、明确地判断什么行为违反了某项行为规则，学校就可以据此对某位学生采取处罚措施（包括勒令学生转学）。

通过同伴导师制来利用学生的专长

家长和教师可以说教，不过如果学生亲耳从另一个孩子那里听到，他们会记得更牢。

——加州的一位家长

同伴导师制这个概念通常包括年长的学生针对困扰年幼学生的问题给出建议或忠告。因为在青少年中，年幼者倾向于把年长者当作榜样（并努力模仿他们）。我们可以利用这种方式来教授有关电脑使用和交流科技的重要课程。同伴导师制在减少校内的传统欺凌和人际冲突方面一直都很有成效（Miller, 2002）。在采取综合措施预防网络欺凌方面也应该考虑采用此种方法。因此，新生群的学生会采纳已经接触过网络欺凌的学生的智慧，而后者已经找出了应对网络欺凌的有效办法。这种智慧可能被学生理解得更快、更深，因为它来自同学而不是成年人，因为孩子们倾向于不理会成年人教给他们的生活教训（你能认同这一观点吗？）。从更广的范围来看，这些努力可以明显地、有效地影响学校群体内的社会环境，使年轻人和他们的家庭、教师、工作人员、社群整体受益。正如一位著名的学校法律律师麦克·塔利（Mike Tully, 2001）所指出的那样"永远不要忽视可以利用学生自己作为变革动力的可能性"（P6）。

同伴导师制的基本目的就是让年长的学生改变年纪小的学生在某些情况下对来自别人的虐待和骚扰的思维方式。我们也可以利用同伴导师制帮助年轻人承担使用电脑、手机和网络所带来的责任和风险。总体来说，同伴导师制的目标就是鼓励年轻人承担这个问题的责任并共同努力想出问题的解决方案。这种制度也努力培养学生对别人的尊重与接纳——不管是什么——并让孩子们认识到自己的行动怎样影响他人的及他们怎样才能有目的地选择那些促进积极同伴关系的行为。

我已经开始和其他有类似经验的学生对话并努力帮助他们，因为他们正经历着我所经历的事情，并且和理解的人谈一谈会有帮助。我告诉他们要勇敢、不要担心，因为什么事情都会好起来的。

——来自英格兰的学生

同伴导师制可以通过多种途径来实现。根据你自己的需要，它很容易被改编。例如，一对一的会谈可能会出现在邀请一位高中生来与一位初中受害者会面，并为其提供支持和帮助的场景中，或者高中生可以定期在午餐时间在自助餐厅和初中生交谈时。几个高中生可以组织一个面对小班（20+）的初中生群体的展示。最后，可以在礼堂或自助餐厅里由高中生为聚到一起的年纪小的学生演出滑稽短剧。所有这些互动都可以由一个或多个活动构成。下文"导师传递的信息"中列出了可以利用受过培训的学生导师传递给学校群体的信息。渐渐地，随着需要的产生，其他正式或非正式的教育——高中生导师和初中生受指导者之间持续的互动都可能出现。

许多非营利性组织也开发出了教育学生成为网络教育大使的材料。例如，本章前部分讨论的"爱安全"（i-SAFE）组织提供了一个"爱导师（i-MENTOR）培训网络"活动。这个活动包含有关网络安全问题和如何与其他学生谈论自己的教训的六个在线视频。这个活动是为那些五到十二年级有意成为自己所在学校的网络安全领袖的学生设计的。上面同样提到过的奥菲利亚项目有一个"创建安全学校"导师活动，这个活动"委托年长学生担任低年级学生的培训导师，模拟积极社交互动和勇敢干预"（The Ophelia Project，2006）。希望你们查看这些活动，并学习更多有关利用学生导师制建立更安全校园的知识。

导师传递的信息

学校可以利用年长学生向低年级学生传递许多重要的有关网络安全和责任的信息，这些信息包括：

- 强调不仅仅他们（还有许多其他人）成为受害者，并遭受随之产生的痛苦、拒绝、侮辱和孤独。
- 在遭遇网络欺凌时，鼓励他们大胆说出来，不要保持沉默。
- 分享一个或多个与网络欺凌密切相关的情景或故事。
- 解释网络欺凌的"语言"，包括有关的术语和科技。
- 描述可以消减或化解同伴间冲突的积极解决途径。
- 利用角色扮演例子让学生思考处理网络欺凌情形的各种途径。
- 提供讨论和回答任何问题的机会并澄清各种混乱，强调如何处理网络欺凌问题的能力。

维持一种安全的和充满尊重的学校文化

学校文化可以被定义为"使学校以特殊方式运行和作出反应的价值观、文化、安全措施和组织结构的总和"（McBrien & Brandt，1997，P89）。

总体来说，教育者开创并营造安全和充满尊重的学校文化和氛围至关重要。积极的校内文化对降低在校的许多问题行为（包括欺凌和骚扰）的频率有很大帮助。在这种背景下，教师必须展示出情感上的支持、一个温暖而富于关爱的环境、醉心学术和知识、培养健康的自尊。

研究中我们发现，那些经历过网络欺凌的学生（既有受害者也有承认欺凌了他人的学生）在学校里比那些没有经历过网络欺凌的学生会更敏感地觉察到环境和文化的好坏。我们问年轻人他们是否"喜欢上学"，是否"在学校觉得安全"，是否"觉得学校里的教师真正努力帮助他们成功"和是否"觉得学校里的教师关心他们"。那些承认在网络上欺凌了他人或那些网络欺凌受害者的学生不大可能同意上述问题的陈述形式。从图 10.1 可以看出，区别可能不明显，但数据却非常有意义。虽然我们不清楚是否是一个坏的学校环境"引起"了网络欺凌行为（或前者是后者的结果），但我们确定这些变量很相关。

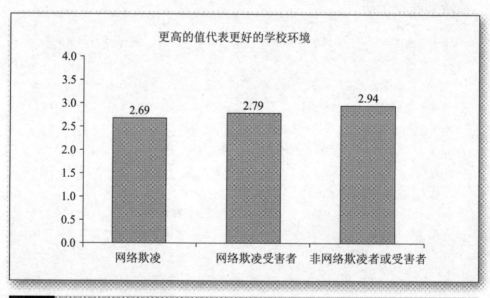

图 10.1 网络欺凌和学校环境

此外，促进学生间团结的战略努力应该落实到位，因为这关系到个人的成功、情感的成功、行为的成功和学术的成功。向着这个目标努力，我们经常支持在学校里可被称为"尊重规章"或"荣誉准则"的东西。例如，我们所熟悉的一个规章或准则内容如下（北高中学，2005）：

尊重是我们彼此关系的基石。我们以尊重北高中学的每位个体的尊严和价值为己任，并且努力绝不在行为或观点上贬低或轻视我们学校社群的任何成员。我们从彼此那里受益，我们的多样性使我们强大。

这样陈述就是为了向学生和工作人员明确指出学校社群的每一位成员都应该互相尊重，并且这样的尊重应该约束所有人际间的互动和校内学生、教师和工作人员的观念（并且希望在校外也是如此）。尊重规章是衡量和评判每一个受到质疑的思想、言语和行动的参考点。每一起个人间的伤害都缺少对受害者（包括那些使用电子设备的受害者）的尊重。

除了政策手册中要包含上述尊重规章之外，这一条还应该通过在学校走廊或教室里张贴直观的学校材料向学生和家长宣传。虽然人们希望学生会自动或自然地怀着尊敬之心相待，我们却知道现实中并不总是如此。这样，尊重规章就能提醒他们已经制定并被强制执行的准则。

学校应该努力开创和营造一种某些行为和言语不被学生和员工容忍的环境，这很重要。在有积极文化氛围的学校里，学生知道什么是正确的和什么不是正确的。在这些学校里，有很多学校社群公认的一点都不"酷"的行为：带武器到学校来并不"酷"，在上堂期间站起并走出教室并不"酷"，对教师进行人身攻击并不"酷"，种族歧视并不"酷"。在此，某些行为在成年人和青少年眼里根本不被接受。

我们希望通过教育和努力，网络歧视在将来某一天会被认为"不酷"。这种想法也许是一种愿望，但它却值得我们去追求。不管什么形式的欺凌，不管有多轻，都应该受到谴责——责任方受到惩罚。如果教师仅仅因为自己不愿处理而故意对轻的（或者严重的）欺凌视而不见，那么这将给学生传递一个什么信息呢？学生应该看到他们的教师、顾问和行政人员严肃地对待这些行为。

安装监控和过滤软件

2000年通过的《儿童互联网保护法案》规定，公立学校（和图书馆）如果想要保持享受联邦资金资助的资格就必须在可以上网的电脑上安装过滤软件。过滤软件阻止少儿不宜的网络内容（暴力和色情资料等）。这通常通过两种方式来实现：网络屏蔽和内容监控。

网络屏蔽通常禁止电脑使用者使用被归为不宜的网站（那些列在黑名单里的网站）。或者，有些网络屏蔽软件仅仅允许使用者使用那些经过批准的网站（那些列在白名单中的网站）。这两种方式通常不屏蔽及时短信、电子邮件、对等联网（P2P），或其他可能造成问题和威胁的软件。

另一方面，内容监控通常使用关键词屏蔽方式。这种方式把数据与被使用者定义为不宜的言语库进行比对。软件随即屏蔽那些数据而不管这些数据传输所使用的互联网应用软件（或媒介）。此外，大部分软件程序允许用户屏蔽归属于某一类的某些网站。下框"学校通常屏蔽的网站类别"列出了学区屏蔽的常见网站类别，学生和员工不能从学校计算机实验室进入这些类型的网站。

学校通常屏蔽的网站类别

- 堕胎；
- 成人/成熟；
- 拍卖；
- 博客或新闻；
- 聊天和即时短信；
- 电子邮件；
- 赌博；
- 游戏；
- 黑客；
- 幽默或笑话；
- 非法毒品；
- 非法或受质疑的网站；
- 裸体；
- 在线游戏；
- 对等联网；
- 私人或约会；
- 色情；
- 代理服务器；
- 遥控软件；
- 性或非传统生活方式；
- 社交网络；
- 间谍软件效果或隐私顾虑；
- 间谍软件或恶意软件来源；
- 串流媒体或 MP3s；
- 暴力或仇恨或种族主义；
- 武器。

大多数学区使用硬件或软件防火墙和过滤软件来屏蔽在学校电脑上的社交

网站(如我的空间和脸谱网)、第三方电子邮件服务器(如微软电子邮件和雅虎)、即时通讯软件程序（如 AOL 即时通讯和微软即时通讯软件 MSN），P2P 对等联网文件夹共享软件（如 KaZaA，LimeWire，eDonkey 和 BitTorrent）。尽管如此，如果学生知道去哪里找和怎样做，在学校使用这些网站和程序还是相对容易的。

个别网站——所谓的"代理服务器"每天都在网上冒出来，它们指引个体进入被列为黑名单的网站或受到学校软件/硬件管理规章所禁止的网站。基本上，一个青少年可以在校通过自己的网页浏览器进入"我的空间"（举例来说），即使它受到学校网络管理员的屏蔽，通过先进入另一个网站（例如，www.leafdrink.com），在网页表单字段输入 www.myspace.com 之后就被重新指引到了那个网站（因此避免了直接连接"我的空间"，并绕过了屏蔽和过滤）。这个代理服务器起到了中间网站的作用（这个中间网站并未被禁用），从此处用户可以进入禁用网站，因为学校的网络允许连接代理服务器网站（事实上，不可能禁用所有的这样网站！）。最后，即时通讯网站可以通过学生将便携 USB 带进校园并把它插入电脑来安装里面存储的即时通讯软件。这些软件也可以通过使用代理服务器来重新连接到一个合适的即时通讯网络，即使传统的进入和使用这些软件受到限制。

我们都知道网络是一个强大的教育工具，但网络内容的质量和得体性却参差不齐。虽然学校批准课本和图书馆馆藏书目在学校使用前可以对它们先进行仔细评审，但在处理网络来源的资料时这却是一件非常困难的事情。不幸的是，过滤和屏蔽软件在使用上有一定限度，并且它是一种被动反应性措施，只能作为解决青少年不当网络使用问题的短期解决办法。我们缺少的是一种积极主动的措施，这样的措施包括创建影响许多利益相关者的安全学校文化、教育规划、规范化评估和系统性规划。与这个理念相一致，网络安全和负责任使用中心主任南希·威拉德（Nancy Willard，2003）贴切地指出："通过创建解除这些担心的综合措施，学校可以帮助年轻人开发有效的过滤和屏蔽系统，这些系统存在于硬件中并对他们进行监控。"（P4）

实施和评价正式的预防网络欺凌规划

我还建议学校领导积极努力建设和实施一个预防欺凌的课程，课程包括相关在线预防网络欺凌的培训模块。在实施之前，和附近大学的科研人员合作还是很有用的，这样就可以对规划进行科学的评价以决定它的价值。目前，关于什么对教育年轻人预防网络欺凌和确保在线安全起作用，人们还知道得很少；而对于什么可以治疗网络欺凌知道得就更少了。在这个初始阶段尝试许多不同的方法很重要，首先要尝试的就是那些在预防传统的欺凌方面获得认可的那些方法（例如，欧文斯预防欺凌规划，Olweus, Limber, & Mihalic, 1999b）。这个规划以网络礼貌课为补充，涵盖网络交流和网络责任的独特特征。

不管你决定采取哪种方法，你都有必要对它的优点进行正式的、系统的评估，以便他人从你的经验中学到东西。一个经过认真思考、精心策划的评估对能否获得更多的预防欺凌行为的资助及使他人相信规划的有用性至关重要——尤其是鉴于目前大部分地区面临财政的和组织的局限。请记住，对一个规划的质量评估和这个规划本身一样重要。

教育家长

作为教育者，你有一个独特的平台可以用来和学生家长沟通这些重要问题。你把这些有关年青人使用电子设备的信息传递给家长，并与他们合作在年轻人中倡导积极的在线体验，这样做很重要。例如，可以寄封信给他们，鼓励他们尽自己一份力量（见"学校寄给家长的信样本"）。

学校寄给家长的信样本

亲爱的家长：

　　我们把这封短信寄到您家是为了让您了解学生在使用电脑、手机和其他电子设备时所从事的某些活动。也许您已经听说过，许多年轻人都声称遭受过"网络欺凌"。网络欺凌就是学生使用电脑、手机或其他电子设备不断骚扰或虐待他人。

> （续）
>
> 　　虽然我们不能确定这个问题是我们学区最大的问题，但我们依然这样认为。我们正在采取许多重要步骤促进预防网络欺凌，其中包括告知学校社群网络欺凌的有害本质。最近我们还更新了学区规章和学生手册，这也反映出青少年欺凌的变化特性。我们已经通知学生，现在我们又在通知您：我们将您罚任何给学校环境造成负面影响或侵犯他人权利的网络欺凌学生。
>
> 　　我们鼓励您和孩子讨论这些问题。您要监督他们的行为以确保他们负责地使用电脑和手机。在学校里我们正在尽我们的一份力量并且我们相信您也会在家里尽您的一份力量，以便我们共同努力降低网络欺凌在我们社区演变为问题的可能性。
>
> 　　如果您有任何问题或担心，请放心联系我们。
>
> 　　此致。

　　也可以定期给家长发放时事通讯，让家长了解孩子们使用和滥用科技的新趋势。例如，实事通讯可以让家长们意识到青少年常去的新网站或年轻人绕过家庭电脑上网络卫士的新方式。此外，推荐一些讨论这些涉及网络安全和网络欺凌的定期社群活动。通过这种积极行动，学校人士和家长可以共同努力解决那些可能会难以避免出现的不当行为。读了这本书后，您（是的，就是您！）应该考虑在放学后或在家长和教师的联谊会上对家长讲解。您现在比那里的大多数成年人了解的都多，那么您可以通过努力教育您身边的人来尽一份自己的力量。

　　这是一所小学（K-5），因此我们的预防措施就是教给父母有关网络欺凌的知识并鼓励家长和孩子一起进入网页，了解里面的内容。我们也已经告诉孩子们如果遇到影响学校社群的网络欺凌就来向我们寻求帮助

——佛罗里达州的小学校长

　　与教育者相关的最后一点就是网络上有关预防网络欺凌的资源越来越多。在我们的网站上（www.cyberbullying.us），我们提供大量的可供下载的资源，您可以通过电子格式或书面形式分发给行政人员、校工作人员、教师、顾问、家长，必要时可发给学生。这些资源的传播不受限制，随着我们不断研究这个问

题并和相关人员共同努力,我们还经常创建和更新资源。要快速参考,请见本书内的资源 B 部分。不过网站设计版式整洁,资源适于以 PDF 文件格式在我们的网站上传播,我们还提供许多有关网络欺凌的网页链接以便您能够从那些在此领域中研究出色的专业人士那里学习更多知识。

在预防网络欺凌中家长的角色

这件事源自我和我的两个最好的朋友之间的争吵。我和她们争吵有很多原因。因为我们曾是最好的朋友,我因此容忍了许多不喜欢的事情。之后,我厌倦了这些就想逃离我经受的那些痛苦和麻烦。我逃离了之后,觉得自己应该自由了,但是却没有。她们继续骚扰我,通过电子邮件、MSN、短信。这使我觉得非常孤单和沮丧。这事就发生在暑假之前,因此暑假期间我一直什么都得靠自己。父母整天忙着工作,并且我过去常常什么事情都和她们一起做,我暑假期间实际上就没什么可见的人。你看,她们让所有的人都反对我。因此,我变得很沮丧,这太可怕了。我父母非常支持我、帮助我,我对他们感激不尽。但不管他们多么伟大,事实上你总得独立面对父母之外的世界——这可真让人难过。

——英国的 15 岁女孩

上面的故事突出了这样的事实:家长并不能保护他们的孩子不受世界上的错事、坏事或邪恶之事的伤害。然而家长可以做的却有很多。他们可以让孩子参与讨论相关的问题,和孩子一起探索网络空间,正式或非正式地监控他们在电子设备上的活动。日积月累,这些努力会向青少年展示出他们生活中的成年人确实积极地关心他们的网络安全。

交流是关键

首先并且最重要的,家长和孩子开诚布公地沟通很重要,这可以让孩子在遭遇不开心的网络经历时放心地寻求家长的帮助。也许刚开始和孩子谈论这些问题是困难的，但这是必需的。如前文讨论的一样，我们的研究表明仅有少部分经历了网络欺凌的青少年告诉自己的父母（或其他成年人）。这种坦率的缺失和青少年觉察自己会被责骂或失去自己的电脑、手机或使用网络的特权有关。家长要想培养和维持沟通的畅通就有必要向孩子们表明家长会耐心倾听他们的问题或处境，并以不评价、负责任的态度来回应。

欺凌归根于沟通。教会你的孩子和自己交流小事，他们也就会告诉你大事。
——明尼苏达州的一位母亲

如果家长不确定如何向自己监护的孩子提起这些问题，我们已经提供了一些"草稿"样本来帮助开始这样的对话（资源C）。这些例子展示了可以多么轻松地讨论有关网络欺凌的话题以及这样做的最有成效而又非批判性的途径。所有研究一致表明父母、照料者，或教师和学生之间持续的有关学生在线互动和活动的讨论很有用（Berson et al., 2002; Ybarra & Mitchell, 2004）。"我的网络安全教练"的执行总裁苏珊娜·斯坦福（Suzanne Stanford）说（在2006年出版的 *Writer* 中曾引用）：

通常，孩子们害怕向父母诉说是因为担心他们的电脑被拿走，或者担心父母会把事情搞得更糟。他们所没有意识到的是，除非欺凌马上停止，否则欺凌可能愈演愈烈并留下永久的心灵创伤。

关于什么是正确的网络行为和什么不是正确的网络行为应该有一个非常明确的概念，这是必要的。朝着这个方向，我们已经创建了一个"网络使用合同"，这个合同可以作为你自己的定制合同或创建自己合同的样本（资源D）。它的目的就是在孩子使用电脑和网络的事情上促进父母和家长之间的信任关系。合同双方同意遵守某些相互接受的承诺条款，并在合约的末尾签名以表示他们接受和理解这些条款。为了提醒孩子这个做出的承诺，我们建议把这个合同贴在醒目的位置（例如，电脑旁）。就如同在上文详述的"教室电脑使用规则"一样，家长也应该具体指出禁用哪些网站和软件应用。

除了实施和强制执行电脑使用规章之外，父母应该考虑相应的手机规章。资源 E 提供了一个父母可以改编并加以利用的"家庭手机使用合同"样本。需要重点强调的是拥有手机是一种特权（像电脑一样），这种特权可以因为行为不当而被取消。这样说来，父母应该认识到他们应该给孩子一些和他人交流的空间，这很重要。父母应该控制住自己不要在孩子和朋友发短信时不停地在孩子周围监视，也不要在孩子不用手机时偷偷查看手机里的短信（除非有严重原因）。相反，父母应该致力于发展和孩子之间的相互信任的友谊，而把侵犯隐私作为最后的办法。

陪同上网

父母必须和孩子一起上网。许多成年人对电子设备和/或网络退避三舍。考虑到我们不像如今的年轻人一样在电脑的环境中长大，这是完全可以理解的。尽管如此，这并不妨碍父母探索年轻人在网络空间中交流和互动的媒介和途径。事实上，不熟悉这些的父母可以争取自己孩子的帮助，以适应基于网络的活动。父母应该问自己的孩子他们去哪个网站及他们为什么喜欢某些网络环境。有些年轻人会立刻坦率地说出，而其他年轻人就可能拒绝回答。父母应该耐心地、慢慢地走进孩子的网络生活。也许这需要时间，但坚持这样做下去就会有回报。

一旦和自己的孩子一起上网，父母就可以随意地询问有关科技和网站的细节：它们为什么这么受欢迎？你和你的朋友在这些网站上做什么及如何使用这个软件？每个人都能看到你发送或公开的信息吗？你真的"认识"和你交流的每一个人吗？那个名叫"BBallDude19"和"foxyFLgal"的人是谁？你在网上公开的是哪种类型的照片或视频？父母必须记住要保持开明的态度并尽量避免习惯性的、谴责性的或批评性的反应。一旦父母和孩子建立起了信任的关系，他们就能相应地影响孩子的上网行为。

下框"向年轻人提的网络欺凌问题"提供了几个额外的问题来帮助这种对话持续下去。表达对孩子的网络空间经验的兴趣而不去批评或谴责他们的网上活动会为你和你生活中的年轻人保持长期的良好关系打下基础。对这些问题的回答可以用来引出对网络欺凌问题和在线骚扰问题的深层讨论,并且会为父母敞开孩子们所生活的网络世界大门。

在某种情况下,可以进行进一步的探查。例如,父母可以努力试着确定自己孩子的倾向以合理地说明某个环境或某种情况下的网络欺凌。之后父母可以指出孩子作决定的过程中的错误推理,这样年轻人的行为选择就不会被情感和场合所动摇。诚然,父母不可能随时地保护和看守自己的孩子。但通过这些综合努力还是有可能在孩子身上灌输安全上网行为,这将指导他们在网上(并最终甚至是现实世界)的活动。

向年轻人提的网络欺凌问题

1. 你经常上什么网站?
2. 你的朋友如今喜欢什么网站?
3. 你喜爱的网站是什么?
4. 你在这些网站上做什么?
5. 你曾经在朋友家上网吗?
6. 网上有陌生人联系过你吗?
    a. 陌生人想要什么?
    b. 你做了什么?
    c. 你怎样回答的?
7. 你知道什么是网络欺凌吗?
8. 你怎样确保自己在网上是安全的?
9. 你受到过你所讨厌的人发来的短信吗?
    a. 你知道是谁吗?
    b. 你怎样回答的?
10. 学校里有人和你谈过要负责任地使用电脑吗?

越早越好

培养安全上网习惯应该从小做起,以确保随着孩子对电脑和网络变得越来越精通,他们把这些习惯内化。如今的孩子们小小年纪就擅长使用科技(参见图

10.1 中擅长科技的孩子），并且父母的指导在教育他们负责任地使用这些电子设备中发挥着最重要的作用。再有，父母坚持要求和孩子一起上网在孩子 8 或 9 岁时比孩子在 15 或 16 岁时更容易，早一些灌输的好习惯将会在他们今后的生活中、在他们自己作决策的过程中发挥好的作用。诚然，培养正确的信念体系和行为选择是一种比因为违反某个条款而简单地惩罚他们更有价值和更持久的方法。

图 10.2　擅长科技的孩子

图片来源：克莉丝汀·塞勒斯

监控他们的活动

我们还认为在孩子使用电脑的时候，父母要密切监控自己的孩子，这很重要。大多数父母和监护人都认识到了这一点，最新的数据表明 73% 的人把电脑放在家庭的公共空间——这样有意或无意地对年轻人在家上网进行至少是随意的监控（Lenhart, Madden, & Hitlin, 2005）。与此有关的，我们认为在孩子的私人卧室安放可以上网的电脑是一个坏主意（虽然安放没有网络连接的电脑不应该构成问题）。

我永远都不会在网上欺辱别人，因为这使人受伤。如果孩子们稍微想一想，他们就会知道他们的父母像我的父母一样在监控着我们。

——马萨诸塞州的一个 13 岁女孩

另一个可以考虑的解决方案就是安装和使用监控软件程序。既然父母不能每时每刻监控孩子的网上活动，他们也许想用专业软件来做这件事。市面上有许多商业软件程序可以在这个方面帮上忙。有些软件允许成年人屏蔽某些网站，其他软件则仅仅允许电脑使用者进入指定网站（如上文所讨论的），还有其他软件可以对上网的电脑使用者进行跟踪。

我们当然支持把这些软件作为网络安全与责任的综合措施的一部分，但是如果认为仅仅这些软件程序就可以确保孩子安全或阻止他们欺凌别人或避免他们接触不当的内容就太天真了。事实上，有些研究表明过滤软件和详细规定网络使用规章与网络骚扰伤害的几率下降并无明显关联（Ybarra & Mitchell, 2004）。

其他研究明确指出 54% 的父母使用某种网络过滤软件，62% 的父母核查自己孩子所上的网站，64% 的父母对孩子上网的时间有专门规定（Lenhart et al., 2005）。即使有过滤软件、前瞻的询问、制定的规章，有动机的年轻人仍然可以轻易地访问有异议的网址或进行不当的网上行为。他们可以去朋友的家里、图书馆或当地有无线上网的咖啡馆。如前文所讨论，他们甚至可以学会破坏那些有责任心的成年人安装的硬件和软件的过滤软件，这就是仅仅有软件还不够的原因。

许多家长在家使用家长监控，这是非常好的措施。但仅仅依靠家长监控会给人一种错误的安全感，因为许多孩子从各种地方上网。孩子们、家长和教育者都应该了解和熟知我们的孩子们在网上面临的潜在危险，这至关重要。

——互联网安全协调员杰斯·盖洛威（Jace Galloway）

暗中监控要谨慎

如果父母选择使用过滤软件和跟踪软件，我们鼓励他们把这件事告诉自己的孩子。这不仅有威慑作用，父母之后还可以解释为什么他们选择在电脑中加入这样的控制。父母应该告诉自己的孩子在网络空间中有人蓄意给别人造成伤害而软件可以帮助保护他们。

和我们交谈的父母坚持认为下面的行为完全可以接受——如果不是被要求这样做的话——父母偷偷地监视自己孩子的网上活动。当然，由父母最终决定在监控自家孩子的网上行为时什么理由是合适的。然而，如果父母暗中监控而不告诉自己的孩子时，就会面临破坏父母和孩子之间的良好关系的高风险。到了那时，孩子就会不再相信父母，这意味着孩子们不会向他们吐露自己正在遭遇的问题——不管是在线问题还是离线问题。我们强烈认为父母应该在任何时候都诚实地、坦率地对待自己的孩子。

预防网络欺凌中学生的责任

对年轻人的网络安全责任应该由服务这些年轻人的所有成年人共同承担，因为如果任由孩子使用电脑和网络，网络欺凌问题很快就会变得不可控制。同时，青少年自己就可以采取一些步骤保护自己不受侵害。保护个人的身份信息（而不是毫无顾虑地发布在公共空间），并且小心保管自己的网上账户密码是免受网上暴徒侵害的最重要的两个措施。

保护个人信息

虽然这看起来像是常识，但青少年通常需要提醒绝不应该在网上随处散发自己的私人信息——尤其是对那些自己在现实生活中不认识的人。不然，这些青少年会觉得电脑那头的人是一个朋友。但他们怎么就能那么确信呢？即使那个人是朋友，他们也不清楚是否有另外的人在朋友的背后偷看。年轻人应该知道他们在网上泄露的任何信息都可能（并且很有可能）被用来反对他们自己。网络暴徒可以利用私人信息对年轻人造成巨大的网络伤害。

我和朋友在电子邮件中谈论正在烦扰我的一件事，我把电子邮件发给了她，之后我的另一个朋友使用黑客手段闯入我的邮箱并盗走了那封信，而这个盗信人正是让我烦恼的人，她见到信后，把信打印出来，第二天将信带到学校并把信给所有其他人看，而信上有我的隐私，这个隐私不仅仅是关于那个盗信人的，还有许多其他隐私。每个人都见到了那些私人信息并取笑了我好几天。

——美国之外的没有透露地址的 12 岁小女孩

如这些话所示，年轻人公布任何不想让他人见到的信息时要特别小心。如今的许多孩子喜欢在像 Flickr、Photobucket、YouTube、MySpace 这样的网站上公布照片和视频以便让自己的家人或朋友看看。他们需要完全明白有邪恶企图的个人也可以使用这些内容并且任意处置这些内容。例如，照片可以被下载并被篡改以使照片看起来像是某种不当的事情正在发生。类似地，新闻中有许多故事详细描述了害人者和恋童癖者怎样通过在网站或社交网络上公开的个人信息和数码照片联系上未成年人。网络暴徒也可以通过利用这些内容轻易对那些不明智地、天真地或粗心地公开了这些信息的人造成严重的情感和心理伤害。

最后，青少年必须记住由于数字内容可以被很快地、很轻松地复制并存档，照片、视频和文字信息不能被轻易地从网上删除。搜索引擎和像 www.archive.org 这样的网站定期索引（并添加进自己的数据中）所有网上的网页内容，包括学生的个人网页和个人资料页。被索引之后，搜寻这些信息的人就可以调出并查看它们——即使这些信息已经从原来的网页上被删除。并且，你认识的人（及你不认识的人）可能已经把这些照片、视频和文本保存到了自己的电脑硬盘上，并可以随时把它们重新发布到网上同时向他人散播。一言以蔽之，网上的任何东西都有永久性的特点，年轻人如果不小心或轻率地决定将在网络空间里和他人分享东西，那么这些东西会对这些年轻人产生严重的、长久的冲击。

密码保护

密码是进入电脑网络个人账户必需的东西，它们起到"身份验证"的作用并且独一无二地确定某人,即为他们声称自己所是的人。正确的身份验证可以阻止他人使用或更改你的个人数据。在我们现今的信息时代,密码是日常生活的一部分。然而有些用户粗心地泄露或不小心地散布自己的密码,致使自己容易遭受网络欺凌。

学校里的一个人更改了我的 MSN 邮箱密码,我到现在还进入不了我的账户。他还威胁我如果我不和我的女友分手就暴打我一顿。

——肯塔基州的 16 岁男孩

许多年轻人就是意识不到把密码告诉他人的危险。在我们学校的学生集会中,我们问许多学生是否知道他们最好的朋友的密码,(也许不足为奇)大部分的人都举手了。坦率地说,这对我们是一个预警。即使年轻人有足够的责任心不把自己的密码随意散布,他们也可能会无心地将密码泄漏给他人。许多用户把自己的密码写在便利贴上,贴在电脑旁(以免自己忘记!)。来访的人可能看到并记下,留作他用。

为什么保护密码很重要?一个例子就会帮助说明潜在的问题。一个十几岁的小男孩可能会为 MySpace 选择一个很难被猜出的密码,不过,因为密码如此的难记,他可能会把密码写在一张字条上,再把字条粘在键盘下。当他最好的朋友来访,键盘可能不小心掉落地上——露出粘着的纸条,结果也露出了密码。如果友谊破裂了,这个密码就会被(曾经的)最好朋友利用——进入账户,之后上传侮辱人的内容,让每个人都见到。

身为辅导员的我,经历过学生在 AOL 即时通讯上提到的问题。学生由于分享了他人的密码就进入其他学生的账户,之后开玩笑地或恐吓地说了些卑鄙的和可怕的事。这会使学生感到非常恐怖,不敢来校上学或者对自己和朋友的关系显得比平时更加心烦意乱。

——一位佛罗里达州的辅导员

即使青少年非常小心,从不把自己的密码写出来或透漏给他人,密码也可能通过其他途径被发现。例如，一些网络内容服务商有"密码提示问题"一项，这允许用户在正确回答提出的问题后取回被忘记的在线账户密码。如果回答无误，服务商会给这个账户绑定的邮箱地址发出一封电子邮件。在这个电子邮件中，给出了现在使用的密码或一个新密码。这样的提示问题可能是"我的宠物叫什么名字？"如果有人知道你宠物的名字并且你又恰巧使用自己的宠物名为密码提示，一封带有密码的邮件就会被发到相关的电子邮箱里。如果有人知道如何进入这个邮箱，那么他也可以进入你的其他网络账户。通过这个流程，一个人仅仅可以通过进入你的电子邮箱（即使对你了解不深）也可以改动你所有其他网络账户的密码。

最后，有人把一个密码用作多个用途——学校和私人的电子邮箱、MySpace、eBay、PayPal 和其他在线账户的密码。这样，被人找出一个账户的密码就会导致别人可以轻易地进入其他账户。既然我们在此讨论网络欺凌，那么当一个人霸占另一个人的密码时，就有明显的身份盗用的危险。下框"创建独特密码的建议"列出了每个人——孩子和成年人在创建一个网络账户密码和软件使用密码时都应遵循的推荐做法。

> **创建独特密码的建议**
>
> - 使用至少有七个字符的密码。
> - 使用包含大写字母、小写字母、数字、非字母的字符。
> - 使用某一不常见句子、歌曲、诗歌、引言等等的首字母缩写。
> - 使用字典里查不到的单词片段（如 mihtaupyn）。
> - 使用由字符分割开的短语（如 dog%door，candy$trip）。
> - 使用像在虚荣的车牌上见到的那样的音译（如，"Elite One"变成"E1te0nE"）。
> - 使用童谣或流行歌曲中的句子（如"It's 3am, I must be lonely"首字母缩略为I3amimbL）。
> - 使用影片中的句子（"May the Force be with you"首字母缩略为MtFBwu）。
> - 使用由城市名所联想起来的短语（"Rice-a-Roni, the San Francisco Treat"首字母缩略为RaRtSFT）。
> - 把两个单词中的字符混编（如"Play Date"改编为PateDlay）。

预防网络欺凌中执法人员的责任

在回应严重形式的在线欺凌（如威胁某人的人身安全或违法情况）时，毫无疑问要有执法部门的参与。不过，我们觉得在预防网络欺凌的综合方案中，执法部门也发挥着作用。首先，教育者应该邀请执法官或驻校治安警到教室里或学校集会中参加有关负责任地使用网络的讨论。学生应该意识到不当的网上行为可能在网外产生严重的法律后果。其次，警官还应讨论网络异常行为的调查方式，以便让学生认识到发到或公布到网上的任何东西都是有迹可循的。使用具体案例将会向年轻人重点指出这些情况的严重性。

我已经发现学生利用网络彼此欺辱和骚扰。这些学生尤其会使用 MySpace.com 网站。网络欺凌已经成为孩子们彼此威胁和恐吓的方式。孩子们觉得他们自己只要没有被当场抓住就不会被跟踪或有麻烦，所以他们藏在网络背后，欺凌和恐吓其他孩子。

——一位佛罗里达州的驻校治安警官

警告信号：寻找什么样的信号？

很难判断年轻人的行为变化或态度的变化就是焦虑的信号或仅仅是常见的"青春期焦虑"，这种焦虑常常伴随着他们生命中骚动的过渡期。然而，教育者、父母及其他成年人应该学会认读他们的学生和孩子的行为以便将真正的问题查出、诊断并及时处理。许多信号都可以提示一个孩子在上网时正经历着某种焦虑的事情（见"一个孩子有可能是网络欺凌的受害者，如果她或他……"），辨别出这些标志可能有助于将网络伤害的感情影响或心理影响最小化。

一个孩子有可能是网络欺凌的受害者，如果她或他……

- 突然停止使用电脑；
- 如果一个即时信息或电子邮件出现时，他或她显得紧张或神经质；
- 在你面前回避接电话；
- 大体而论，对于上学或去外面显得紧张不安；
- 使用电脑后，显得生气、沮丧和灰心丧气；
- 避免谈论他或她在电脑上所做的事情；
- 变得反常地远离平常的朋友和家人；
- 在学校受到了欺凌。

最明显的特征就是某件正发生的事情使青少年的电脑使用习惯有明显的变化。学生可能突然停止使用电脑或当别人要求他或她上网做某件事情时，他或她会公然拒绝。如果已知一个孩子在校天天上网，接着突然几天都不上网了，这种变化可能预示着潜在的问题。此外，如果一个学生在新电子邮件或即时短信出现时显得紧张或在电脑前不断回头张望，这种行为表明可能出了问题。如果一个学生显得特别生气、伤心或沮丧，尤其是在使用电脑时，这些情感可能预示着有网络欺凌事件。如果年轻人努力回避讨论他们在计算机上正在做什么或在问及骚扰和欺凌时，表现出很反感，那么可能正在出现严重的问题。

与此有关，成年人知道许多年轻人竭力避免上学有很多原因。然而，如果一个青少年固执地拒绝上学并不愿意讨论为什么，家长有必要进行进一步的探查。从我们与受害者的对话中，我们知道直接面对学校的网络欺凌是非常困难的——同时面对那些已经知道电子骚扰的其他学生群体也是很困难的。想想第一章中瓦德的故事吧，她很可能第二天返回学校时得知其他的人都见到了打印出来的阿里创建的网页。

也有许多表明一个孩子正在网络空间虐待他人的危险信号（见"一个孩子可能正在欺凌他人，如果他或她……"）。如果当你走过一个孩子的身旁，他或她就快速地切换屏幕或关掉屏幕，他或她可能正在竭力隐藏什么。在这种情况下，下面一点很重要：你要重新强调规则并让学生知道如果他或她给你理由担心他或她的上网活动，你将安装跟踪软件（如果你还没有安装的话）或者限制其上网直到你能够监督和监视他或她上网行为时为止。

> **一个孩子可能正在欺凌他人，如果他或她……**
>
> ● 当你走过时，迅速地切换屏幕或关掉系统；
> ● 整晚使用电脑；
> ● 如果他或她不能使用电脑会变得非常失落；
> ● 正在使用多个网上账户或者正使用一个不是自己的账户；
> ● 使用电脑时放声大笑；
> ● 回避讨论自己正在网上做的事情或变得具有过强的防范意识。

　　再有，当孩子整晚使用电脑时，父母应该变得警觉，意识到孩子可能正在使用电脑从事不当活动。他们应该对电脑的使用设置合理的限制并准确地判断出他们的孩子正在线做什么。如果限制他们使用电脑之后，孩子显得特别难过，他们可能使用电脑过多了。还有，要理智。在孩子们向家长诉说自己正在网上做的事情时，父母应该倾听并且合理地判断是否有必要采取进一步的限制措施，可以假定他们无罪但要对他们进行检查以确保他们遵守诺言。

　　还有一点，应该鼓励父母了解孩子的电子邮件地址和社交网络身份名称并明确表示不许孩子创建多个网络形象和账户。如果见到孩子进入了看起来与以往不同的电子邮箱地址或 MySpace 账户，家长应该继续深问。和我们谈话的许多年轻人都承认自己有个"父母友好界面"的 MySpace 网页，但他们不经常用，而是不断使用用来和自己朋友互动的另外一个完全不同的页面。显然，必须有一定程度的信任才能避免这种公然的欺骗。欺骗不仅使父母很难保护孩子不受网络之害并在事情发生时难以提供帮助，还会颠覆为创建坦诚沟通所做出的种种努力，这种坦诚沟通是建立健康的、发挥作用的父母和孩子之间关系所必不可少的。

　　如果一个年轻人在使用电脑时大笑或一群学生围在电脑前大笑或咯咯地笑，他们可能正在欺凌别人。如果他们显得神经质、紧张或不乐意和你开玩笑，他们很可能在做一些不该做的事情。然而网上也有许多合适的幽默内容，因此，不要草率下结论。我们都喜欢幽默喜剧或视频，只要让他们告诉你什么那么可笑就行。总体上，避免和你讨论或极力为他们的网上活动辩护是一个明显的标志，这些标志表明他们正在从事那些很可能与你的得体行为标准相悖的活动，因此很值得你继续深问。

结　论

教育者、父母、学生和执法人员是预防网络欺凌的重要组成部分，正如图10.3所示。任何单独的个体都很难阻挡网络欺凌的产生，然而，这些成年人凝聚在一起就可以组成一个对抗网络欺凌的强大力量。如本章中所述，教师必须监督在教室里使用电脑的学生并教育学校群体要负责任地使用网络及要有网络礼貌。学校行政人员必须严肃对待网络欺凌并确保政策到位，这样当学生的行为在本质上极大地影响学习环境或侵害他人的权利时（如第五章所述），学校才能够对网络欺凌采取行动。

图10.3　预防网络欺凌人员

还有一点很明显：必须教会家长并鼓励他们参与孩子的在线活动——这也包括必要时惩罚不能被接受的网络行为。当年轻人在网上发布个人信息时，要小心行事并且应该仔细保护自己的密码。执法官应该和学校官员合作来向学生提供有关网络安全的信息，告诉学生使用电子设备进行威胁将会得到惩罚；而如果学生担心自己的安全时，有人可以为他们提供帮助。说完了这些，预防措施也只能起到这么大的作用。不幸的是，即使最好的预防措施也不是100%有效。下面一章针对网络欺凌事件出现时应该何时及怎样回应提供了指导和指引。

思索的问题

1. 你认为可能完全阻止所有形式的网络欺凌吗？如果答案是肯定的，怎样做？如果答案是否定的，为什么不能？
2. 预防网络欺凌是谁的责任？
3. 怎样利用学生来帮助预防网络欺凌？
4. 你认为年轻人在多大的时候适合在他或她的卧室里安放电脑？
5. 你怎样知道某人正在遭受网络欺凌？你怎样知道某人正在欺凌别人？

附表1[①]	网络使用合同	
孩子的期望	我明白使用家庭电脑是一种特权，这种特权受约束的条款有右边这些。	1. 我将尊重使用这台电脑的他人隐私。我不会打开、移动或删除那些不在我的个人目录中的文件。 2. 我知道爸爸和妈妈可能随时打开并查看我的文档。 3. 我下载和安装任何程序之前都会先问妈妈或爸爸。 4. 上网时，我绝不会散布个人信息。在网上与人交流时，任何时候我都不会告诉别人我的姓名、手机号码、地址或学校名——即使我认识和我交流的那个人。我的账户名是：_____ 5. 我知道我的电脑只能在受到允许的范围内使用。

[①] 重印自 Sameer Hinduja & Justin W. Patchin. *Bullying Beyond the Schoolyard: Preventing and Responding to Cyberbullying*, Thousand Oaks.

续表

孩子的期望		6. 我不希望爸爸、妈妈看到的东西，我绝不会将其写到或公布到网上。我绝不会使用脏话或其他冒犯性语言。如果我收到或见到带有冒犯语言的信息，我会马上报告给妈妈和爸爸。 7. 在没有征得父母同意前，我绝不会同意和网上朋友见面。危险的人可能会竭力骗我和他们见面。 8. 如果我对某次的上网经历不安，我会马上告诉妈妈或爸爸。我明白妈妈和爸爸乐意帮我并且只要我遵守这些规章，他们就不会处罚我。
父母的期望	我明白保护我的家人并帮助他们得到网络上能够提供的最好的东西是我的责任。本着这种精神，这是我同意的条款。	1. 我会冷静地倾听。如果我的孩子来告诉我有关网络体验的一个问题，我保证不会生气而会尽力帮助我的孩子解决这一问题。 2. 我会讲道理。我会对网络使用定下合理的规章和期望。对于孩子在网上判断失误，我会制定合理的惩罚措施。 3. 我会尊重我的孩子。我会像尊重自己在网外建立的友谊一样去尊重我的孩子在网上建立的友谊。 4. 我不会随便侵犯孩子的隐私。我保证除非为了确保孩子安全的需要才去进一步采取措施。我不会读孩子的日记或日志，也不会查看孩子的电子邮件或电脑文件，除非有让我特别担心的事。 5. 我不会采取极端措施。不管发生什么事情，我明白网络是我孩子在学校或商业中成功所必需的重要工具，因此我不会完全禁止孩子上网。 6. 我会参与。我会花时间和孩子一起做事情并成为孩子在线活动和在线关系的帮手——就如同我在网外一样。
禁用的网站和软件应用列表：		签名：

附表2[①] 家庭手机使用合同	
孩子的期望	1. 我承认使用手机是一种特权，因此，我不会把它当作理所当然的事。 2. 除非我先告诉父母，否则我不会把自己的手机号给别人。 3. 父母来的电话我肯定会接。如果我没有接到他们的电话，就会马上回一个电话。

[①] 重印自 Sameer Hinduja & Justin W. Patchin. *Bullying Beyond the Schoolyard: Preventing and Responding to Cyberbullying*, Thousand Oaks.

孩子的期望	4. 如果学校禁带手机，我就不带手机上学。如果允许带手机上学，我就把手机放在背包或带锁的橱柜里，并在早上开始上课至晚上放学期间保持手机关机。 5. 除非得到父母的允许，在上学日的晚上____点过后，在非上学日的晚上____点过后，我不会再出于任何目的使用手机。 6. 我不会发送伤人的、骚扰性的或威胁性的短信。 7. 父母在场聆听的时候我不会对别人说的话，我也不会用手机对别人说。 8. 每月固定费用外的其他超出部分由我自己来付。 9. 没有首先请示父母我就不会从网上下载任何东西或拨打长途电话。 10. 没有父母的同意我不会在手机上进行新设置或取消旧设置。 11. 未经他人同意我不会给他人照相或录像。 12. 未经他人同意，我不会把任何人的照片或录像上传到网上。 13. 在把照片或视频发给或传给任何人之前，我一定先将它们给父母看看。 14. 我的手机使用中不会有破坏性活动。如果父母让我终止打电话或停止发短信，我就会照做。
父母的期望	1. 当我的孩子在手机上聊天时，我会尊重孩子的隐私。 2. 没必要的情况下，我不会没有通知孩子就阅读手机短信或查看通话记录，侵犯孩子的隐私。 3. 手机的基本包月费用由我来付。 4. 违反这个合同，我会甘愿接受处罚。处罚从失去手机的 24 个小时的使用权开始随着违规程度加深惩罚也逐渐加大。
签名：	

第十一章
学生使用网络言语应该遵循的十大原则①

吉尔·朱莲妮·迈尔斯
唐娜·麦考
利昂达·汉普菲尔

对于网络欺凌存在着相矛盾的法律判决,也存在着不同的司法解释,但下列指导网络欺凌情况的一般原则却来自法律的案例。

1. 美国法院"第一修正案"条款适用于公立学校学生。

2. 如果证明学生言语在本质上对学校活动造成严重破坏,准许对其进行审查。

3. 如果学生言语确实妨碍了学生们获得教育利益的权利或极大地损害了学习环境,准许对其进行审查。

4. 在公共教育环境中使用下流的、粗俗的、不尊敬的言语是不正确的。

5. 可以对在学校财产、学校设备或学校活动中学生言语的时间、地点和方式设定合理的限定。

6. 对于被学校认可的学校出版刊物或学校组织活动中使用的言语,学校可以规定其使用。

7. 对于被学校认可的学校资助的言语,学校可以基于合法教育的考虑规定学生使用。

8. 当校外言语显示出与校园关系密切时才能对学生的校外言语进行限制。

9. 如果有充分的理由认为学生言语和"文明社会秩序的共享价值观"不一

---

① 本章重印自:Jill Joline Myers, Donna S.McCraw, and Leaunda S.Hemphill. *Responding to Cyber Bullying: An Action Tool for School Leaders*. Thowsand Oaks, CA: Corwin. www.corwin.com.

致，学校可以对其进行限制。

10. 对于真正的威胁和犯罪活动，不管它们来自校内还是校外，都应该对其进行限制。

这"十大规则"，就如同它们所来自的"第一修正案"一样，不是绝对的，也有例外的情况存在。再有，这"十大规则"并不是存在真空中的，应该根据某一规则和它周围规则的关系和这个规则本身来理解。总之，"十大规则"为学校领导提供了采取行动的有力框架。

规则1：美国法院"第一修正案"条款适用于公立学校学生

学生享有"第一修正案"的权利。他们有权对有争议的问题表达观点并坚持自己的见解。学生有权在校外的时间自由发表言论。家长管理学生在校外的言论。但是，学生在公立学校内不享有"第一修正案"无限的权利。如果言论和学校之间关系超过微量允许限度，学校有权利和义务进行干预。学校有权"灌输文明习惯和态度"。在检查学生言论中，违规者和受众的年龄、成熟度和认知发展都是要考虑的重要因素。对年龄小的、不太成熟的学生可以进行更多的言论检查。学校对低年级学生的教育目的多一些而讨论的目的少一些。法律案件廷克（Tinker）及其结果表明学生享有"第一修正案"的权利，但这些权利仅适用于对孩子的照顾和指导的内容范围内。

规则2：如果证明学生言语在本质上对学校活动造成严重破坏，准许对其进行审查

如果学校能够充分预测出学生言语会对学校活动造成重大的干扰，可以对其进行处罚。产生重大影响的法律案件（Tinker）允许学生发表不会在学校引起骚动或干扰的无声言语、消极的言语或政治言论。不能基于为了避免不快

或防止不受欢迎言论的表达而限制学生的言论。学校如果可以预见骚动，就没必要等着骚动开始了才去制裁。如果有可预见的骚动，学校应该努力阻止它的发生。

学校不必等骚乱严重时才制裁学生。没有必要等到完全的混乱后再行动，但学校采取行动前，骚乱对教育环境的影响必须超过轻度干扰的程度。"没有具体的数字或班级需要去干扰"，学校行政人员必须在批准对学生言语进行制裁之前提供有关干扰或潜在干扰的事实密集型信息。学生仅仅谈论冒犯性语言或对这种言论发表泛泛的评论还不足以对其进行制裁。类似地，使个人难为情的或不舒服的言语不构成对其制裁的条件。然而，学校可以制裁一个学生，如果其言论实际上（1）描述了言语暴力或图形暴力,（2）威胁要诋毁学校社群成员,（3）预示着暴力的骚动。生动描述对教师的攻击就是图形暴力的例子，对这种学生言论制裁是正当的。对学校领导者地位的诋毁干扰了学校有效运转时可对其进行制裁。还有，学生一旦发表类似于"哥伦拜校园屠杀事件"的言论时，大多数法院准许学校马上制裁。校园中隐藏的危险使得有必要对声称要进行校园枪击这样的言论威胁进行限制。

在批准制裁之前要考虑如下因素：

1. 以往骚动的记录；
2. 见到这样言论的学生个体数量；
3. 这样的言论被见到或被接触到的地点；
4. 这样的言论进入校园的方式；
5. 学生有意让言论影响学校的教育环境；
6. 补充行政资源的必要性。

在采取行政行动之前，学生的言论和学校之间必须有重要的联系。

规则3：如果学生言语确实妨碍了学生们获得教育利益的权利或极大地损害了学习环境，准许对其进行审查

学生只有侵犯了其他学生权利的言语才能对其进行审查。法院不允许学校领导者随时随地、无条件审查学生言论。然而，法院确实允许领导者检查那些阻碍一个学生学习或享受教育利益的言论。如果一个学生的言论攻击某一核心特征（种族、民族、残疾、性取向或性别），并且这样的言论确实妨碍了学生享受教育利益的权利或极大地破坏了学习环境，那么可以对其进行审查。请注意，侵害其他学生权利的言论即使不能预见其严重扰乱学生活动也可以对其禁止。

规则4：在公共教育环境中使用下流的、粗俗的、不尊敬的言语是不正确的

学校有权禁止在校内公共言论中使用下流的、冒犯性的或粗俗的学生言论。学校有责任保护学生不受那些不适宜学生身体和认知发展水平的语言或材料的影响。关键因素有：（1）言语发生在校园内；（2）言语发生在学校公众面前。在校外创造的网络语言不会受到学校的审查，尽管这样的语言有冒犯的性质。监督校外学生的言语是家长的责任。根据此条规则，学校制裁之前，学生不一定出现严重的破坏行为。

规则5：可以对在学校财产、学校设备或学校活动中学生言语的时间、地点和方式设定合理的限定

在校外或在某些场合合适的言语在学校或学生面前却不总是合适的。学校不是公共场所，因此，学校领导者可以对学生的在校言行进行限制。审查可以

出于对教学的合理考虑，因此学校应该制定标准预防下列言语的出现：不符合语法的、不严谨的、调查不充分的、有偏见的、有歧视性的、用不恰当的语气表达的。在决定是否宣传有关潜在敏感话题的学生言论时，学校必须考虑学生的情感成熟度。例如，学校可以限定在小学宣传有关圣诞老人是否存在的言论或指出一些不适宜于未成熟的听众了解的材料。

规则6：对于被学校认可的学校出版刊物或学校组织活动中使用的言语，学校可以规定其使用

和学生自发的言论相比，学校领导有可能更自由地去限制学校资助的言论。学校资助的言论包括学校课程内部的言论和学校资助活动。学校行政人员对学生作业、学校出版物及其他学校资助的表达活动行使编辑权。因此，学校可能限定带有"学校出版许可"字样的言语。

规则7：对于被学校认可的学校资助的言语，学校可以基于合法教育的考虑规定学生使用

和第六条密切相关的就是本条准则，它授权学校让其基于对合法教育的考虑检查学生的言语。如果学校和学生言语之间存在重要的联系，那么学校行政人员就可以行使控制权。但学校行政人员必须承诺他们不对那些在非在校期间的网络空间言论进行制裁，或对其进行干涉。

规则8：当校外言语显示出与校园关系密切时才能对学生的校外言语进行限制

只有在言论非常严重地影响学校环境的时候，学校才能干预。分界线就在

于言论是否扰乱学校相关活动。在这个界限之外，学校没有权利去制裁。例如，对于那些在校外和暑假中在学生的社交网络中公开的所有冒犯性或性暗示的照片，如果这些图片没有提到学校或和学校没有联系，学校没有责任或一定权力去限制（执法人员和家长有权管理这样的行为）。与之相对，对那些在校外违反学校行为准则的学生网络语言，学校就有权制裁。例如，对于描述学生运动员喝白酒的照片，学校行政人员就有权对相关学生的课外活动进行限制。区别上述两个例子的显著因素就是看其是否和校园及学生活动有密切关系。学生言语和学校活动的关系越远，学校越不可能限制其行为。

规则 9：如果有充分的理由认为学生言语和"文明社会秩序的共享价值观"不一致，学校可以对其进行限制

毫无疑问，学校有义务向学生灌输"'民主社会所必需的习惯和文明举止'的基本价值观"，有义务教授学生"正确社会行为的界限"。当学校允许学生直接地观察言论自由行为来理解现实中的宪法规定的学生权利时，学校就尽了这一义务。这并不表示学校必需允许学生在公共教育场所宣传性、毒品和饮用白酒。学校应该告知学生正确社会行为的界限。

规则 10：对于真正的威胁和犯罪活动，不管它们来自校内还是校外，都应该对其进行限制

对于包括真正的威胁和犯罪行为的"第一宪法修正案"之外的学生言语，学校可以对其限定。此外，学校没有必要容忍宣传使用非法毒品这样的犯罪行为活动。学校行政人员最难理解的概念就是真正的威胁。只有那些极端恶劣的言论才归类为"真正的威胁"。真正的威胁必须传递出一种严肃的、明确的伤人意图或使一个理智的人感到直接地受到威胁。在如今的社会，主张学校暴力的

大部分言论都包含有真正的威胁。

结　论

"学校可以并且能够适应由……学生和网络引起的新挑战，但不能以'第一宪法修正案'为代价。"学生需要知道学校存在着界限，即使在网上也是如此。通过应用这里推荐的"十大原则"，学校行政人员在限定有关学生网络语言的正确界限时就有了一个框架。

作者简介

林妮·施伦普 (Lynne Schrum)：美国乔治梅森大学教育与人类发展学院的教授和师范教育主任。研究领域：信息科技的正确使用、网络远程学习、帮助教师为 21 世纪做好准备。目前是美国教育研究协会理事会、《教育技术研究杂志》(JRTE)（2002—2011）的编辑。

艾梅·比森尼特 (Aimée M.Bissonette)：法学博士、律师、教师和作家。现为明尼苏达州的明尼阿波里斯市小水牛法律咨询事务中心律师。研究领域：评价在线教学、在线互动和将新兴网络科技与虚拟环境融入课堂。

萨米尔·辛杜佳 (Sameer Hinduja)：刑事司法学博士，佛罗里达大西洋大学犯罪学和刑事司法系的副教。

伊恩·朱克思 (Ian Jukes)：信息调查集团董事，经历丰富。他公开宣称自己的任务就是确保孩子们为将来而不是过去做好准备，他的题材重点在于有关教育重组的许多实际问题。

弗兰克·凯利 (Frank S.Kelly)：工程师、SWH 集团的高级副总裁和策划/规划部主任，在公立学校的策划、规划和设计方面经验丰富。建筑界和教育界组织多次为他的多个项目颁发设计奖。1984 年，他由于设计出色当选为美国建筑师学院的研究所研究员。

威廉·吉斯特 (William Kist)：肯特州立大学的副教授，教授读写教育课程，曾获优秀音乐创作的地区艾美奖提名。

洛里·兰格·德·拉米雷斯（Lori Langer de Ramirez）：课程与教学博士、赫里克斯公立学校的 ESL 和世界语系的主任。她曾被授予纳尔森布鲁克斯奖，获得过美国国家人文基金会的有关墨西哥、哥伦比亚和塞内加尔的研究基金，还获得了对印度和尼泊尔研究的富布莱特学者奖。研究领域：多文化和多样化教育、语言教室里的民间故事及语言教学中的科技。

芭芭拉·莱文 (Barbara B.Levin)：教育心理学博士、格林斯博罗北卡罗来纳大学（UNCG）的课程与教学系的教授。研究领域：教师的教学信念及整个教师职业生涯过程中的教师思想发展、把科技融入 k-16 课程及在师范教育中使用基于案例的教学法和基于问题的学习法。

泰德·麦凯恩 (Ted McCain)：教育家、芝加哥的索恩伯格职业发展中心的副主任。曾获加拿大优秀教学"总理奖"。

唐娜·麦考 (Donna S.McCaw)：西伊利诺斯大学的教育领导学教授并教研究生和博士生。研究领域：有关 21 世纪的有效领导的问题和挑战。

吉尔·朱莲妮·迈尔斯 (Jull Joline Myers)：曾任职州检察官，现为西依利诺斯大学的副教授。研究领域：州政府工作人员的民事责任、减少暴力的策略和网络欺凌。

艾伦·诺旺博（Alan November）：斯坦福大学教育领导与技术学院的奠基人。最为自豪的事就是被提名为美国赫里斯塔麦考利夫优秀教育家。著有最畅销书籍《用科技武装学生》。

杰西卡·帕克 (Jessica K.Parker)：教育学博士，现为索诺拉州立大学的助理教授，研究高中如何将多媒体文化融入到学术素养学习中去。

贾斯汀·帕钦 (Justin W.Patchin)：刑事司法学博士、威斯康星大学欧克莱尔分校刑事司法学助理教授。研究领域：社交网络和网络欺凌在内的青少年网络行为。

马克·普伦斯基（Marc Prensky）：耶鲁大学硕士、米德博瑞学院硕士和哈佛商学院（成绩优异）硕士，教育与学习重要领域的世界知名演讲人、作家、顾问、未来主义者、梦想家和发明家。

利昂达·汉普菲尔（Leaunda S. Hemphill）：西伊利诺斯州大学副教授。研究领域：评价在线教学、在线互动和将新兴网络科技与虚拟环境融入课堂。

参考文献

Preface

Alexander, B. (2008). Web 2.0 and emergent multiliteracies. *Theory into Practice, 47*(2), 150–160.

Anderson, R., & Dexter, S. (2005). School technology leadership: An empirical investigation of prevalence and effect. *Educational Administrator Quarterly, 41*(1), 49–82.

Darling-Hammond, L., Meyerson, D., LaPointe, M., & Orr, M. T. (2010). *Preparing principals for a changing world: Lessons from effective school leadership programs.* San Francisco: Jossey-Bass.

Dawson, C., & Rakes, G. (2003). The influence of principals' technology training on the integration of technology into schools. *Journal of Research on Technology in Education, 36*(1), 29–49.

Drago-Severson, E. (2004). *Helping teachers learn: Principal leadership for adult growth and development.* Thousand Oaks, CA: Corwin.

Gerard, L. F., Bowyer, J. B., & Linn, M. C. (2010). How does a community of principals develop leadership for technology-enhanced science? *Journal of School Leadership, 20*(2), 145–183.

McLoud, S., & Richardson, J. W. (2011). The dearth of technology leadership coverage. *Journal of School Leadership, 21*(2), 216–240.

Schrum, L., Galizio, L. M., & Ledesma, P. (2011). Educational leadership and technology integration: An investigation into preparation, experiences, and roles. *Journal of School Leadership, 21*(2), 241–261.

Stuart, L. H., Mills, A. M., & Remus, U. (2009). School leaders, ICT competence and championing innovations. *Computers & Education, 53*, 733–741.

Williams, P. (2008). Leading schools in the digital age: A clash of cultures. *School Leadership and Management, 28*(3), 213–228.

Chapter 1

1. Educational writers, from John Dewey to today's Web 2.0 advocates (e.g., Ian Jukes, Alan November, Will Richardson, David Warlick) to advocates of case-, problem-, and inquiry-based learning, have all suggested the need for some form of new partnership between students and teachers, involving much less telling by teachers and much more doing by students.

2. I have heard this from a great number of people, including Dr. Edith Ackermann (a former student of Piaget), Dr. Derrick DeKerchove (a former student of Marshall McLuhan), and many others. I was told by a children's TV executive that "kids getting older younger" was a longtime internal slogan at MTV.

3. Ibid.

4. From the opening sequence of the *Star Trek* television show.

5. Dewey, J. (1963). *Experience and education.* New York, NY: Collier Books. (Original work published 1938.)

6. Johnson, L. F., Smith, R. S., Smythe, J. T., & Varon, R. K. (2009). *Challenge-based learning: An approach for our time.* Austin, TX: New Media Consortium.

7. Boss, S., & Krauss, J. (2007). *Reinventing project-based learning: Your field guide to real-world projects in the digital age.* Washington, DC: International Society for Technology in Education.

8. Tim Rylands in the United Kingdom.

9. Hu, W. (2007, May 4). Seeing no progress, some schools drop laptops. *New York Times.* Retrieved from http://www.nytimes.com/

10. Nicole Cox, instructor, in a report by the Rochester Institute of Technology:

I divided the class into discussion groups of four–six people. Students posted their responses to the readings online within their own group, and then had the opportunity to read the responses from their group "mates." Once they'd read all the responses within their group, they were asked to write a reaction to one other response. . . . There was also a definite improvement in writing skills—again, I think they taught each other. Most groups had at least one student whose writing was actually quite polished (both in content and style), and they would sort of lead by example. Using proper grammar and a more academic tone to make a point somehow makes it seem more valid than one made in all lowercased colloquialisms. I also think a form of "peer pressure" forced students into more vigorous participation. Students whose work was not on par with the work of the other members of the group would sometimes be "shunned"—left out of the discussion. As participation was an important part of a student's grade, those students soon learned the level of acceptable production in order to be considered a viable member of the group. (Retrieved from http://online.rit.edu/faculty/blended/final_report.pdf)

11. Mabry Middle School, Mabry, Georgia.

12. Ingo Schiller, parent of two children at Newsome Park Elementary School, in Newport News, Virginia. Curtis, D. (2001, November 11). Real-world issues motivate students. *Edutopia.* Retrieved from http://www.edutopia.org/magazine

Chapter 2

Anderson, C. (2006). *The long tail: Why the future of business is selling less of more.* New York: Hyperion.

Bridgeland, J. M., DiIulio, J. J., Jr., & Morison, K. B. (2006). *The silent epidemic: Perspectives of high school students.* Washington, DC: Civic Enterprises, LLC. Retrieved May 14, 2008, from http://www.civicenterprises.net/pdfs/thesilentepidemic3-06.pdf

Kurzweil, R. (2005). *The singularity is near: When humans transcend biology.* New York: Penguin.

National Association of Manufacturers. (2005). *2005 skills gap report—a survey of the American manufacturing workforce.* Washington, DC: Author.

National Governors Association. (2005). *An action agenda for improving America's high schools.* Washington, DC: Achieve, Inc., and National Governors Association. Retrieved May 14, 2008, from http://www.nga.org/Files/pdf/0502ACTIONAGENDA.pdf

Nearly half of Texas students entering college now must take remedial classes. (July 7, 2006). *Houston Chronicle*, p. B1 [Electronic version]. Retrieved July 7, 2006, from http://www.chron.com/disp/story.mpl/metropolitan/4029961.htm

Pink, D. H. (2001). *Free agent nation: The future of working for yourself.* New York: Warner Books.

Schlechty, P. C. (1997). *Inventing better schools: An action plan for educational reform.* San Francisco: Jossey-Bass.

Trump, J. L. (1959). *Images of the future: A new approach to the secondary school.* Urbana, IL: Commission on the Experimental Study of the Utilization of the Staff in the Secondary School, National Association of Secondary School Principals.

Chapter 3

Ackerman, R., & Mackenzie, S. (2006). Uncovering teacher leadership. *Educational Leadership 63*(8), 66–70.

Adamy, P., & Heinecke, W. (2005). The influence of organizational culture on technology integration in teacher education. *Journal of Technology and Teacher Education, 13*(2), 233–255.

Bai, H., & Ertmer, P. (2008). Teacher educators' beliefs and technology uses as predictors of preservice teachers' beliefs and technology attitudes. *Journal of Technology and Teacher Education, 16*(1), 93–112.

Bartunek, J. M., Greenberg, D. N., & Davidson, B. (1999). Consistent and inconsistent impacts of a teacher-led empowerment initiative in a federation of schools. *The Journal of Applied Behavioral Science, 35*(4), 457–478.

Bauer, J. (2005). Toward technology integration in schools: Why it isn't happening. *Journal of Technology and Teacher Education, 13*(4), 519–546.

Bogler, R. (2005). The power of empowerment: Meditating the relationship between teachers' participation in decision making and their professional commitment. *Journal of School Leadership, 15*, 76–98.

CDW-G. (2007). *Teachers talk tech: Fulfilling technology's promise of improved student performance.* Retrieved May 3, 2009, from http://newsroom.cdwg.com/features/feature-06-26-06.html

Consortium for School Networking (CoSN). (2001). *A school administrator's guide to planning for the total cost of new technology.* Washington, DC: Author.

Crawford, A. R., Chamblee, G. E., & Rowlett, R. J. (1998). Assessing concerns of algebra teachers during a curriculum reform: A constructivist approach. *Journal of In-service Education, 24,* 317–327.

Danielson, C. (2006). *Teacher leadership that strengthens professional practice.* Alexandria, VA: Association for Supervision and Curriculum Development.

Danielson, C. (2007). The many faces of leadership. *Educational Leadership, 65*(1), 14–19.

DuFour, R. (2004). Schools as learning communities. *Educational Leadership, 61*(8), 6–11.

Fullan, M. (1993). Why teachers must become change agents. *Educational Leadership 50*(6), 12–17.

Fullan, M. (2007). *Leading in a culture of change* (Rev. ed.). San Francisco: Jossey-Bass.

Glassett, K. F. (2007). *Technology and pedagogical beliefs of teachers: A cross case analysis.* Unpublished doctoral dissertation, University of Utah—Salt Lake City.

Hall, G. E., & Hord, S. M., (1987). *Change in schools: Facilitating the process.* Albany: State University of New York Press.

Heflich, D. A., Dixon, J. K., & Davis, K. S. (2001). Taking it to the field: The authentic integration of mathematics and technology in inquiry-based science instruction. *Journal of Computers in Mathematics and Science Teaching, 20*(1), 99–112.

Henderson, J. (2008). Providing support for teacher leaders. *Education Update, 50*(10). Retrieved April 30, 2009, from http://www.ascd.org/publications/newsletters/education_update/oct08/vol50/num10/Providing_Support_for_Teacher_Leaders.aspx

Hernandez-Ramos, P. (2005). If not here, where? Understanding teachers' use of technology in Silicon Valley schools. *Journal of Research on Technology in Education, 38*(1), 35–46.

Horsley, D. L., & Loucks-Horsley, S. (1998). Tornado of change. *Journal of Staff Development, 19*(4), 17–20.

Jonassen, D. (1997). Instructional design models for well-structured and ill-structured problem-solving learning outcomes. *Educational Technology Research and Development, 45*(1), 65–94.

Kirschner, P. A., & Erkens, G. (2006). Cognitive tools and mindtools for collaborative learning. *Journal of Educational Computing Research, 35*(2), 199–209.

Kongrith, K., & Maddux, C. D. (2005). Online learning as a demonstration of type II technology: Second-language acquisition. *Computers in the Schools, 22*(1), 97–111.

Leithwood, K., Louis, K. S., Anderson, S., & Wahlstrom, K. (2004). *Review of research: How leadership influences student learning.* Minneapolis: Center for Applied Research and Educational Improvement; Toronto: Ontario Institute for Studies in Education; and New York: The Wallace Foundation. Retrieved November 7, 2008, from http://www.wallacefoundation.org/SiteCollectionDocuments/WF/Knowledge Center/Attachments/PDF/ReviewofResearch-

LearningFromLeadership.pdf
Lieberman, A., & Miller, L. (2004). *Teacher leadership*. San Francisco: Jossey-Bass.
Little, J. W. (1982). Norms of collegiality and experimentation: Workplace conditions of school success. *American Educational Research Journal, 19*(3), 325–340.
Louis, K. S., & Kruse, S. D. (1995). *Professionalism and community: Perspectives on reforming urban schools*. Thousand Oaks, CA: Corwin.
Manouchehri, A., & Goodman, T. (2000). Implementing mathematics reform: The challenge within. *Educational Studies in Mathematics, 42,* 1–34.
Martin, L., & Kragler, S. (1999). Creating a culture of teacher professional growth. *Journal of School Leadership, 9*(4), 311–320.
Marzano, R. J., Waters, T., & McNulty, B. A. (2005). *School leadership that works: From research to results*. Alexandria, VA: Association for Supervision and Curriculum Development.
Nir, A. E., & Bogler, R. (2008). The antecedents of teacher satisfaction with professional development programs. *Teaching and Teacher Education, 24*(2), 377–86.
Norris, C., Sullivan, T., Poirot, J., & Solloway, E. (2003). No access, no use, no impact: Snapshot surveys of educational technology in K–12. *Journal of Research on Technology in Education, 36*(1), 15–28.
Poole, B. (2006). What every teacher should know about technology. *Education World*. Retrieved April 30, 2009, from http://www.education-world.com/a_tech/columnists/poole/poole015.shtml
Prouty, D. (n.d.). Top 10 ways to be a successful technology coordinator. *The Snorkel*. Retrieved May 9, 2009, from http://www.thesnorkel.org/articles/Top10.pdf
Reeves, D. B. (2006). *The learning leader: How to focus school improvement for better results*. Alexandria, VA: Association for the Supervision of Curriculum Development.
Riel, M., & Becker, H. J. (2008). Characteristics of teacher leaders for information and communication technology. In J. Voogt & G. Knezek (Eds.), *International handbook of information in primary and secondary education* (pp. 397–417). New York: Springer.
Rogers, E. M. (2003). *Diffusion of innovations* (5th ed.). New York: Simon & Schuster.
Sadker, M., & Sadker, D. (2005). *Teachers, schools, and society*. New York: McGraw Hill.
Sandholtz, J. H., & Reilly, B. (2004). Teachers, not technicians: Rethinking technical expectations for teachers. *Teachers College Record, 106*(3), 487–512.
Schmoker, M. J. (2001). *The results fieldbook: Practical strategies for dramatically improved schools*. Alexandria, VA: Association for the Supervision of Curriculum Development.
Schrum, L. (1999). Technology developments for educators: Where are we going and how do we get there? *Educational Technology Research and Development, 47*(4), 83–90.
Schrum, L., Skeele, R., & Grant, M. (2002–2003). Revisioning learning in a college of education: The systemic integration of computer based technologies.

Journal of Research on Technology in Education, 35(2), 256–271.

Semich, G., & Graham, J. (2006). Instituting teacher leaders in technology: A personal approach to integrating technology in today's classroom. In C. Crawford, D. Willis, R. Carlsen, I. Gibson, K. McFerrin, J. Price, et al. (Eds.), *Proceedings of Society for Information Technology and Teacher Education International Conference 2006* (pp. 3608–3611). Chesapeake, VA: AACE.

Shanker, A. (1996). Quality assurance: What must be done to strengthen the teaching profession? *Phi Delta Kappan, 78,* 220–224.

Somech, A. (2002). Explicating the complexity of participative management: An investigation of multiple dimensions. *Educational Administration Quarterly, 38*(3), 341–371.

Somech, A., & Bogler, R. (2002). Antecedents and consequences of teacher organizational and professional commitment. *Educational Administration Quarterly, 38*(4), 555–577.

Southwest Educational Development Laboratory (SEDL). (2008). Professional learning communities: What are they and why are they important? *Issues . . . About Changes, 6*(1). Retrieved April 30, 2009, from http://www.sedl.org/change/issues/issues61/attributes.html

Tate, J. S., & Dunklee, D. R. (2005). *Strategic listening for school leaders.* Thousand Oaks, CA: Corwin.

Testerman, J. C., Flowers, C. P., & Algozzine, R. (2002). Basic technology competencies of educational administrators. *Contemporary Education, 72*(2), 58–61.

Chapter 4

Rinehart, G. (1993). *Quality education: Applying the philosophy of Dr. W. Edwards Deming to transform the educational system.* New York: McGraw-Hill.

Chapter 5

Baron, N. (2008). *Always on: Language in an online and mobile world.* New York: Oxford University Press.

Buckingham, D. (2007). *Beyond technology: Children's learning in the age of digital culture.* Cambridge, England: Polity Press.

Burbules, N., & Callister, T. (2000). *Watch IT: The risks and promises of information technologies for education.* Boulder, CO: Westview Press.

Ito, M., Horst, H. A., Bittanti, M., boyd, d., Herr-Stephenson, B., Lange, P. G., Pascoe, C., J., & Robinson, L. (with Baumer, S., Cody, R., Mahendran, D., Martínez, K., Perkel, D., Sims, C., & Tripp, L.). (2008). *Living and learning with new media: Summary findings from the Digital Youth Project.* The John D. and Catherine T. MacArthur Foundation Report on Digital Media and Learning. Download the report at http://digitalyouth.ischool.berkeley.edu/report

Jenkins, H. (with Clinton, K., Purushotma, R., Robison, A., & Weigel, M.). (2006).

Confronting the challenges of participatory culture: Education for the 21st century. The John D. and Catherine T. MacArthur Foundation. Retrieved August 18, 2007, from http://digitallearning.macfound.org.

MacArthur Foundation. Re-Imagining learning in the 21st century. http://tiny.cc/teachtech_1_2

Moll, L., Amanti, C., Neff, D., & Gonzalez, N. (1992). Funds of knowledge for teaching: Using a qualitative approach to connect homes and classrooms. *Theory Into Practice, 31(2),* 132–141.

Pew Research Center. (2010). *Millennials: A portrait of generation next. Confident. Connected. Open to Change.* (P. Taylor & S. Keeter, Eds.). Retrieved March 24, 2010, from http://pewresearch.org/millennials.

Street, B. (1995). *Social literacies.* London: Longman.

Chapter 6

Atwell, N. (1998). *In the middle: New understandings about writing, reading, and learning* (2nd ed.) Portsmouth, NH: Heinemann.

Barton, D., & Hamilton, M. (1998). *Local literacies: Reading and writing in one community.* London: Routledge.

Brown, D. (1999). Promoting reflective thinking: Preservice teachers' literacy autobiographies as a common text. *Journal of Adolescent & Adult Literacy, 42,* 402–410.

Brownlow, K. (1969/1976). *The parade's gone by.* Berkeley, CA: University of California Press.

Burke, J. (2000). *Reading reminders: Tools, tips, and techniques.* Portsmouth, NH: Heinemann.

Garmston, R. J., & Wellman, B. M. (1992). *How to make presentations that teach and transform.* Alexandria, VA: ASCD.

Kist, W. (2000). Beginning to create the new literacy classroom: What does the new literacy look like? *Journal of Adolescent and Adult Literacy, 43,* 710–718.

Kist, W. (2003). Student achievement in new literacies for the 21st century. *Middle School Journal, 35(1),* 6–13.

Kist, W. (2005). *New literacies in action: Teaching and learning in multiple media.* New York: Teachers College Press.

Koch, K. (1970). *Wishes, lies, and dreams: Teaching children to write poetry.* New York: HarperCollins.

Kress, G. (2003). *Literacy in the new media age.* London: Routledge.

Loomans, D., & Kolberg, K. (1993). *The laughing classroom.* Tiburon, CA: H.J. Kramer.

McLaughlin, M., & Vogt, M. (1996). *Portfolios in teacher education.* Newark, DE: International Reading Association.

Romano, T. (1995). *Writing with passion: Life stories, multiple genres.* Portsmouth, NH: Boynton/Cook.

Romano, T. (2000). *Blending genre, altering style: Writing multigenre papers.* Portsmouth, NH: Boynton/Cook.

Schofield, A., & Rogers, T. (2004). At play in fields of ideas. *Journal of Adolescent & Adult Literacy, 48*, 238–248.

Taba, H. (1967). *Teacher's handbook for elementary social studies.* Reading, MA: Addison-Wesley.

Wilhelm, J. D. (1997). *You gotta be the book: Teaching engaged and reflective reading with adolescents.* New York: Teachers College Press.

Chapter 7

Collier, A. (n.d.). Why technopanics are bad. *ConnectSafely.* Retrieved August 12, 2009, from http://www.connectsafely.org/Commentaries-Staff/why-technopanics-are-bad.html

Cummins, J. (1979). Cognitive/academic language proficiency, linguistic interdependence, the optimum age question and some other matters. *Working Papers on Bilingualism, 19,* 121–129.

Goodwin-Jones, R. (2005). Emerging technologies: Skype and podcasting: Disruptive technologies for language learning. *Language Learning and Technology, 9*(3), 9–12.

Johns, K. M., & Tórrez, N. M. (2001). Helping ESL learners succeed. *Phi Delta Kappa, 484,* 7–49.

National Clearinghouse for English Language Acquisition and Language Instruction Educational Programs, U.S. Department of Educaiton. (n.d.). *Frequently asked questions.* Retrieved August 11, 2009, from http://www.ncela.gwu.edu/faqs/

The Partnership for 21st Century Skills. (2004). *Framework for 21st century learning.* Retrieved August 12, 2009, from http://www.21stcenturyskills.org/index.php?option=com_content&task=view&id=254&Itemid=120

Pink, D. (2006). *A whole new mind.* New York: Riverhead Trade.

Stanley, G. (2006). Podcasting: Audio on the Internet comes of age. *TESL-EJ, 9*(4). Retrieved August 21, 2009, from http://www-writing.berkeley.edu/TESL-EJ/ej36/int.html

Svedkauskaite, A., Reza-Hernandez, L., & Clifford, M. (2003, June 24). *Critical issue: Using technology to support limited-English-proficient (LEP) students' learning experiences.* North Central Regional Education Laboratory. Retrieved August 11, 2009, from http://www.ncrel.org/sdrs/areas/issues/methods/technlgy/te900.htm

Teachers of English to Speakers of Other Languages. (2006). *PreK–12 English language proficiency standards.* Alexandria, VA: Author.

Teachers of English to Speakers of Other Languages. (1996–2007). *Technology standards for language learners.* Alexandria, VA: Author. Retrieved August 21, 2009, from http://www.tesol.org/s_tesol/sec_document.asp?CID=1972&DID=12051

Thorne, S., & Payne, J. (2005). Evolutionary trajectories, Internet mediated expression, and language education. *CALICO, 22*(3), 371–397.

Suggested Readings

Blake, R. J., (2008). *Brave new digital classroom: Technology and foreign language learning.* Washington, DC: Georgetown University Press.

Dudeney, G. (2007). *The Internet and the language classroom (Cambridge handbooks for language teachers).* NY: Cambridge University Press.

Green, T. D., Brown, A. H., & Robinson, L. K. (Eds.). (2007). *Making the most of the Web in your classroom: A teacher's guide to blogs, podcasts, wikis, pages, and sites.* Thousand Oaks, CA: Corwin.

Leu, D. J., Diadiun Leu, D., & Coiro, J. (2004). *Teaching with the Internet K–12: New literacies for new times.* Norwood, MA: Christopher Gordon.

November, A. (2001). *Empowering students with technology.* Thousand Oaks, CA: Corwin.

November, A. (2008). *Web literacy for educators.* Thousand Oaks, CA: Corwin.

Pitler, H., Hubbell, E. R., Kuhn, M., & Malenoski, K. (2007). *Using technology with classroom instruction that works.* Alexandria, VA: Association for Supervision and Curriculum Development.

Ramirez, R., Freeman, Y. S., & Freeman, D. E., (2008). *Diverse learners in the mainstream classroom: Strategies for supporting ALL students across content areas—English language learners, students with disabilities, gifted/talented students.* Portsmouth, NH: Heinemann.

Solomon, G., & Schrum, L. (2007). *Web 2.0: New tools, new schools.* Eugene, OR: International Society for Technology in Education.

Helpful Websites

Classroom 2.0: http://www.classroom20.com

Connect Safely.org—a forum for parents, teens, experts to discuss safe socializing on the fixed and mobile Web: www.connectsafely.org

EFL and Web 2.0—an excellent online college course on a wiki page designed to teach EFL and ESL students the basics of using different Web 2.0 technologies: http://eflcourse.wikispaces.com

IALLT (International Association for Language Learning Technology): http://iallt.org

Integrating Technology Into the ESL/EFL Classroom—a series of lesson ideas with links to videos: http://integrate-technology.learnhub.com/lessons

International Society for Technology in Education: http://www.iste.org

Langwitches—a helpful blog with links and tutorials for teaching languages through technology: http://langwitches.org/blog

NCELA (National Clearinghouse for English Language Acquisition and Language Instruction Educational Programs): http://www.ncela.gwu.edu

SafeKids.com—Internet safety and civility for kids and parents: http://www.safekids.com

Social Networks and the Web 2.0 Revolution (blog post and video): http://www.teachingenglish.org.uk/blogs/nik-peachey/social-networks-web-20-revolution

Chapter 10

Berson, I. R., Berson, M. J., & Ferron, J. M. (2002). Emerging risks of violence in the digital age: Lessons for educators from an online study of adolescent girls in the United States. *Journal of School Violence, 1*(2), 51–71.

Lenhart, A., Madden, M., & Hitlin, P. (2005). *Teens and technology: Youth are leading the transition to a fully wired and mobile nation.* Retrieved August 2, 2005, from http://www.pewinternet.org/pdfs/PIP_Teens_Tech_July2005Web.pdf

McBrien, J. L., & Brandt, R. S. (1997). *From the language of learning: A guide to education terms.* Alexandria, VA: Association for Supervision and Curriculum Development.

Miller, A. (2002). *Mentoring students and young people: A handbook of effective practice.* London: Kogan Page.

North High School. (2005). *Respect policy.* Retrieved September 21, 2007, from http://www.north.ecasd.k12.wi.us/respect/respect.pdf

Olweus, D., Limber, S., & Mihalic, S. F. (1999b). *Bullying prevention program: Blueprints for violence prevention; Book nine.* Boulder: Center for the Study and Prevention of Violence, Institute of Behavioral Science, University of Colorado.

The Ophelia Project. (2006). *CASS: Creating a Safe School,*™ Retrieved May 30, 2008, from http://www.opheliaproject.org/main/cass.htm

Trolley, B., Hanel, C., & Shields, L. (2006). *Demystifying and deescalating cyber bullying in the schools: A resource guide for counselors, educators, and parents.* Bangor, ME: Booklocker.com.

Tully, J. M. (2007). *The outer limits: Disciplining students without getting sued.* Retrieved November 3, 2007, from http://uacoe.arizona.edu/wren/documents/The_Outer_Limits_Disciplining_Cyber-Mischief_Without_Getting_Sued.pdf

Willard, N. E. (2003). *Safe and responsible use of the Internet: A guide for educators.* Retrieved January 20, 2007, from http://www.csriu.org/onlinedocs/pdf/srui/entire.pdf

Writer, G. (2006). *Cyber bullies: What you and your kids need to know now.* Retrieved July 11, 2006, from http://www.phillyburbs.com/pb-dyn/news/291–07112006–682108.html

Ybarra, M. L., & Mitchell, K. J. (2004). Online aggressor/targets, aggressors and targets: A comparison of associated youth characteristics. *Journal of Child Psychology and Psychiatry, 45,* 1308–1316.

图书在版编目（CIP）数据

课程领导者与教育技术／（美）施伦普等著；任晓梅译．—上海：华东师范大学出版社，2015.4
ISBN 978-7-5675-3408-7

Ⅰ.①课… Ⅱ.①施… ②任… Ⅲ.①教育技术学—研究 Ⅳ.① G40-057

中国版本图书馆 CIP 数据核字（2015）第 077144 号

大夏书系·西方教育前沿

课程领导者与教育技术

著　　者	林妮·施伦普 等
译　　者	任晓梅
策划编辑	李永梅
特约编辑	李　茂
审读编辑	齐凤楠
封面设计	奇文云海·设计顾问
出版发行	华东师范大学出版社
社　　址	上海市中山北路 3663 号　邮编　200062
网　　址	www.ecnupress.com.cn
电　　话	021-60821666　行政传真　021-62572105
客服电话	021-62865537
邮购电话	021-62869887　地址　上海市中山北路 3663 号华东师范大学校内先锋路口
网　　店	http://hdsdcbs.tmall.com
印 刷 者	北京季蜂印刷有限公司
开　　本	700×1000　16 开
插　　页	1
印　　张	15
字　　数	183 千字
版　　次	2015 年 6 月第一版
印　　次	2016 年 12 月第二次
印　　数	6 101—8 100
书　　号	ISBN 978-7-5675-3408-7/G·8195
定　　价	35.00 元
出 版 人	王　焰

（如发现本版图书有印订质量问题，请寄回本社市场部调换或电话 021-62865537 联系）